VOIX FRANÇAISES
du
MONDE NOIR

VOIX FRANÇAISES

du

MONDE NOIR

Anthologie d'auteurs noirs francophones

KEITH Q. WARNER

Howard University

HOLT, RINEHART and WINSTON
New York   Toronto   London

Original cover art by Félix Jean

Acknowledgements (*See p. vii*)

Library of Congress Catalog Card Number: 75-148045
Printed in the United States of America
SBN: 03-085685-x
123456   006   987654321

Avant-propos

I have long felt that French is too universally used for a study of its literary gems to be restricted to those of France, as is the case in most anthologies. Why not? Why go outside France? Surely, the writers of metropolitan France handle themselves quite adequately. With this I agree. However, it should be pointed out that French is the official language of communication for millions of people outside metropolitan France. These people have their literature, their tales, their ideas, all of which they express in French whenever they want to reach a wider public, the assumption being, of course, that they also express themselves in their native or local languages. Many of these people, too, are black, and it is with the black authors that this anthology is concerned, in an attempt to fill an awkward void.

This void in the presentation of French authors is embarrassing for another reason. College students everywhere are complaining about the lack of involvement with and concern about the basic issues relevant to the majority of these students. This does not mean that this anthology is presented to stir up a revolution — certainly not in the French class! However, with the wealth of material written by French-speaking blacks, with the present black awareness at its peak, with most people earnestly trying to understand what the black man has to say and why he has to say it, it would seem inevitable that the time is ripe for "les voix françaises du monde noir" to be presented to college students at the right level. Here are passages of truly topical interest.

Primarily, these selections are meant to be incorporated into a level Four class — that is, a class with students who are in their fourth semester of French, who have mastered the basic skills and who should therefore not have too much trouble participating in the discussions in French. The passages, however, can be used at whatever level an instructor deems fit, according to a particular school's program.

The fact that the selections are meant to be incorporated into the level Four (or other) should indicate quite clearly that the study of black French authors should not replace the study of eminent white ones but rather supplement it to the fullest. As a result, the anthology is relatively short so as to be readily manageable. The texts can be studied all at once during a four or five week period, or the instructor can decide when would be the most convenient time for students to handle a particular passage. There is a variety of genres, so the instructor can easily choose that which suits any given situation.

There are no detailed exercises. The instructor has these "en masse" in other texts, or they can be readily devised to suit special needs. I have found that, on occasions, the order of presentation of grammatical exercises in certain supplementary texts was not the one I wanted to follow in keeping with the main review grammar being otherwise used. Nonetheless, there are questions on the texts which test accurate control of the language, along with topics for general discussion and composition. The biographical details are short, but should prove sufficiently stimulating. The most obvious cognates and elementary words have been omitted from the end vocabulary.

I would here like to express my thanks to my colleagues in the Department of Romance Languages, Howard University. First of all, to Professor Mercer Cook, whose mastery in the area of French literature written by blacks exerted a decisive influence; to Mr. LaSalle Caron for his careful revision of the text and to Messrs. Daniel Racine and Jacques Antoine for their constructive criticism. Special thanks are due to the poet Léon Damas for the wealth of suggestions and support he bestowed.

Keith Q. Warner

August, 1970.

Acknowledgements

Grateful thanks are due to the publishers who so willingly granted permission to reproduce the following, or from the following:

Batouala by René Maran, published by Albin Michel, Paris (1938, édition définitive). (FA)

The poems "Hoquet", "Solde", "La Complainte du nègre" and "Pareille à ma légende" from the collection *Pigments* by Léon Damas, published by Présence Africaine, Paris (1962).

The poems "Prière d'un petit enfant nègre", "Îles", "Redécouverte" and "Ghetto" from the collection *Balles d'Or* by Guy Tirolien, published by Présence Africaine, Paris (1961).

The poem "Souffles" from the collection *Leurres et Lueurs* by Birago Diop, published by Présence Africaine, Paris (1960). The tales "Le Salaire" and "N'Gor-Niébé" from the collection *Les Contes d'Amadou Koumba* by Birago Diop, published by Présence Africaine, Paris (1965). (IFG)

The poems "Nuit de Sine", "Femme noire", "Neige sur Paris" and "A New York" from the collection *Poèmes* by Léopold Senghor, published by Éditions du Seuil, Paris (1964). (EJ)

Une Saison au Congo by Aimé Césaire, published by Éditions du Seuil, Paris (1967). (EJ)

Gouverneurs de la rosée by Jacques Roumain, published by Les Éditeurs Français Réunis, Paris (1946). (GJ)

The poems "Fidélité à l'Afrique", "Il n'y a personne", "Sèche tes pleurs" and the novel "Climbié" from the collection *Légendes et Poèmes* by Bernard Ï. Dadié, published by Seghers, Paris (1966). (GJ)

The legend "Les Deux Guélas" from the collection *Légendes Africaines* presented by Tchicaya U Tam'si, published by Seghers, Paris (1967). (B)

L'Enfant noir by Camara Laye, published by Plon, Paris (1953). (BB)

Préface de Léon Damas

Attaché au Département de Langues et Littératures Romanes de l'Université de Howard, le Dr. Keith Warner, qui est né à Trinidad, y enseigne le français, non sans succès. Boursier du Gouvernement français et Docteur de l'Université de Caen, il est également un espoir de la Nouvelle Littérature Antillaise, à partir de son recueil, encore inédit, *Thoughts can be Poems*.

Restant pour l'instant dans le cadre universitaire, il nous donne ce manuel, dont le titre *Voix françaises du monde noir* dit bien ce qu'il veut dire. Il me plaît d'autant plus de le présenter que, bien conçu tant du côté pratique que pédagogique, il intéressera non seulement les étudiants auxquels il est destiné, mais également les professeurs de français des universités américaines.

Cet ouvrage qui, dans l'esprit même de son auteur, n'a la prétention d'être ni le premier ni le dernier, donne à voir un aspect particulier de la littérature française qu'est venu enrichir le concept de *négritude*.

A ce propos, comment ne pas se réjouir de voir s'ouvrir ce manuel sur un extrait de *Batouala* de René Maran, Prix Goncourt 1921? Par Maran et par tous ceux qui auront compris le sens de son message et de son engagement, la Race Noire, à la défense de laquelle il consacra sa vie, prenait conscience d'elle-même. Peu à peu s'est formé un sentiment collectif de race, qui avait des constantes communes — la terre ancestrale, les erreurs et brutalités perpétrées, les persécutions raciales, une mentalité identique, une volonté de libération de toute emprise physique, morale et cérébrale pour l'affirmation de la personnalité africaine.

Notre génération se mit résolument à l'ouvrage pour que se produise l'événement: la réhabilitation et de la Race et du mot *nègre* qui nous était jeté à la face comme une injure — d'où l'origine et le sens du concept de *négritude*, expression littéraire du panafricanisme, dont Césaire, sur l'œuvre dramatique duquel se termine ce manuel, inventa le mot, non seulement dans *Cahier d'un retour au pays natal*, mais d'abord dans l'*Étudiant Noir* que lui, Senghor et moi-même avions fondé.

Au moment où il est tant question d'études africaines, d'héritage africain, de retour à l'Afrique, de pèlerinage aux sources, autant dire de *négritude* ou de *black soul*, ce manuel vient donc à point nommé. Il comble une lacune, pose des jalons et donne en définitive aux étudiants américains intéressés par la littérature africaine d'expression française une vue d'ensemble précise, encore que rapide.

L. D.

Introduction

The French, like the English, the Spanish, the Portugese and others, were colonizers, and one main item brought by the metropolitan master was his language. Thus, the French brought their language to numerous colonies, unifying diverse peoples linguistically if not politically. However, many of these peoples had a greater unifying force — that of color and race. The ones we are concerned with in this anthology are those of Africa and their transplanted brothers in the West Indies, and all those who considered themselves black, despite being at times "half-white".[1]

In the early days of the colonies, one unwritten rule was that all literature would naturally be passed on to the colonized from the metropolitan masters. The colonized "citizens" who were taught to read and write would therefore have as their teachers whites from abroad and as their models and heroes white characters. The other unwritten rule was that any local output was automatically not as good as the metropolitan model. No hope, then, for an indigenous written literature. The French, like the English and the others, shared in this colonial mentality.

Therefore, whatever genius there was soon found itself spent in what one could call the emulating phase, namely in trying to copy to perfection the white models. This type of literature abounded in Haiti at one time, even though Haiti was by then an independent republic. Writers took pride in the fact that one could not tell that a given poem was written by a black man.

---

[1] For convenience, we shall speak only of the black man, enclosing in that term all the others — negro, colored, etc.

Obviously, emulation of this carbon-copy type was not the solution, since this only made for a pseudo-literature. But one must give some credit to the French for having inculcated some feeling for literature into their colonial subjects.

Continuing education and exposure, through travel, of the colonial subject to the metropolitan universities, literary circles, etc. were bound to have their effect. Sooner or later, a black writer was going to change the whole outlook of the white colonial master *and* of the colonised subject. Such was the case of René Maran, whose *Batouala* is represented here. Although brought up in France from an early age, Maran was able to associate himself with the colonies whence he came, and after many years in Africa, had the courage to "tell it like it was" under colonial rule. Small wonder *Batouala* created such a stir! That a colonial subject should dare show what colonialism was really like was unforgiveable. Still, this was a beginning. The awakening had been slow but inevitable, and what had already been taking place in the U.S.A., with the Harlem renaissance in the 20's, naturally engulfed many other blacks of the colonies.

So it was, therefore, that the movement of *négritude* was born in the 30's.[2] Those interested in Black Studies most probably know of this movement and of the difficulty in defining exactly what *négritude* really is. Suffice it to say that the movement, French in nature, was championed by Aimé Césaire and Léon Damas from the West Indies, and by Léopold Senghor from Africa. The poems of Damas and of Senghor in this anthology are part of the writings that made the movement famous.

Basically, *négritude* seeks to re-assert the dignity of the black man, in the face of all the ignominy and brain-washing he has suffered. It can take various forms in so doing. Damas rejects the white European civilisation and culture that were forced upon him, not because they are necessarily bad per se, but because they were presented as unquestionably better than his own. This rejection is ever-present in *Hoquet* and *Solde,* where protest is

---

[2] The term "négritude" was coined by Césaire in his *Cahier d'un retour au pays natal.*

elevated to poetry. Césaire, in his *Cahier d'un retour au pays natal* examines the plight of his native Martinique, unmasking all the atrocities and giving the lie to the constant tourist-oriented image of a tropic paradise. His too, is a tone of protest and rejection, touched with pride in what the black man had *still* been able to achieve despite everything. Damas and Césaire are part of the transplanted blacks who suffered even more from the rape of their culture and natural home than did Senghor, whose poetry is all infused with lyrical evocations of his homeland. On the whole, Senghor tends to be more forgiving, as in *Neige sur Paris*. There is no shame with being associated with native Africa, which many Europeans had been calling a land of savages. There is, in its place, genuine pride in his origins, and in his people's culture, achievements and contributions. *Négritude,* therefore, is as complex as the black man's situation, but there is a definite positive nature to this complexity. The literary movement that was *négritude* had a profound influence on the minds of countless young blacks, and certainly on the minds of young black French-speaking authors.

With the advent of the *négritude* movement, young black writers felt free to express, at last, what had to be said, but what, for obvious reasons, had not been said hitherto. Whether or not one wants to identify certain authors with the original *négritude* movement, one still cannot deny that these new authors all con-tributed to the same cause as the one championed by Césaire, Damas and Senghor. Thus, Jacques Roumain told of the state of Haitian peasants in *Gouverneurs de la rosée;* Guy Tirolien, in his charming *Prière d'un petit enfant nègre,* rejects the white-oriented civilisation in favor of the natural beauty of his native Guadeloupe, while, on the more contemporary scene, Bernard Dadié's *Climbié* and Camara Laye's *L'Enfant noir* both present various aspects of life under French colonialism. There are many similarities in these works, but individual situations and styles assure these writers their place in any study of contemporary black literature in French. The reader can judge for himself by studying the representative selections from these authors in this anthology.

It is naturally to the credit of all these authors that they did not allow themselves to dwell on the anti-colonial theme ad nauseam. Thus it was that, whereas the indigenous was neglected or looked upon with scorn, it now found new favor, resulting in the wealth and happy blend of legends, tales, folklore, etc., which had been largely orally transmitted but which, luckily, are being recorded for posterity as well as for the enjoyment of many outsiders. Birago Diop's *Contes d'Amadou Koumba,* two of which are in this anthology, come most readily to mind, but there are many other adorable ones, as Dadié, Tchicaya U Tam'si and others are proving. No longer are the ancestors "les Gaulois",[3] they are now the true ones, as Senghor's in *Nuit de Sine.* With the de-emphasis on things European, a whole new world of images and ideas — a most refreshing change — is now opened up to readers. The European mind, for example, accustomed as it was to think in terms of temperate climates, finds it strange that a poet sings about eternal summers while he sees only cold and misery in winter; accustomed to thinking in terms of set concepts and fixed relationships, the European mind wonders in the face of so much novelty and variety, where, to cite another example from Senghor's *Femme noire,* the color white is not necessarily symbol of beauty and purity, and nudity is not something to be ashamed of; and finally, where Tirolien's Zamba and Diop's Amadou Koumba replace Aesop, and where U Tam'si's account of creation in *Les Deux Guélas* conflicts with the Old Testament's. We are now indeed very far from the emulation phase.

Mention must be made of the political situation in the black writer's countries. Many former colonies have now gained their independence — in fact, Haiti, first independent black republic, has been on its own since 1804. Many of the writers are or have been politically involved — among others, Senghor as president of Senegal; Césaire as mayor of Fort de France (Martinique) and his island's representative in Paris; Damas as French Guiana's representative; Diop as his country's ambassador. This political

---

[3] The reference is to French textbooks, obviously destined for French children in France, which were sent to the colonies, and which told black pupils about "their" ancestors the Gauls.

involvement will no doubt continue, for there are still many problems: Haiti has hers; Martinique and Guadeloupe, small, almost mono-cropped, politically dependent on France, of which they are Overseas *départements,* have theirs, as does French Guiana; many of the new African republics are struggling through the early pains of an independence won at great effort, as can be seen in the present selection from *Une Saison au Congo.* There is, therefore, much work still to be done.

All this will undoubtedly lead to the production of many more works by black authors, French or otherwise, as they seek answers to problems they have inherited. In times of strain and difficulty, the literature will be one of violence and revolution, whereas in time of relative peace and stability, the literature will once more turn to the natural, lyric beauty of local surroundings and native lore. Whatever the background may be, it seems almost certain that the legacy of so many years of slavery, of attempts at assimilation and integration, of attempts at re-assertion of black dignity will make for an ever increasing spectrum of literary gems written by blacks. The French-speaking ones, some of whom you are about to meet, will certainly have much to contribute with their beautiful use of French to express their version of the black experience.

Table des Matières

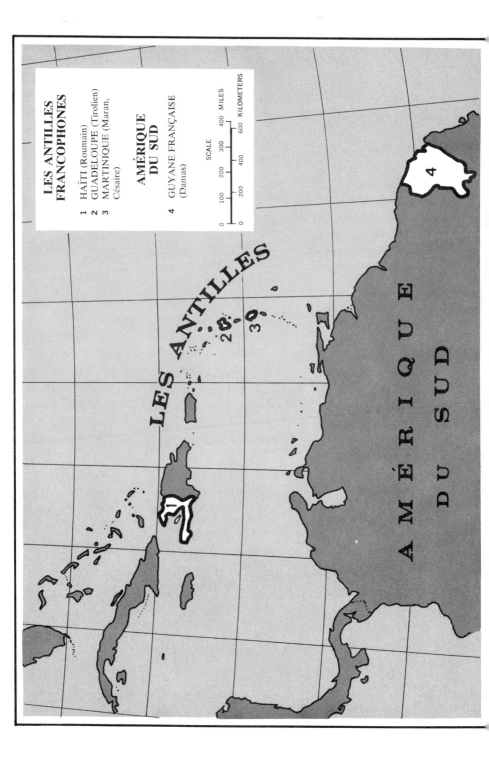

LES ANTILLES FRANCOPHONES

1 HAÏTI (Roumain)
2 GUADELOUPE (Tirolien)
3 MARTINIQUE (Maran, Césaire)

AMÉRIQUE DU SUD

4 GUYANE FRANÇAISE (Damas)

SCALE

0   100   200   300   400   MILES
0   200   400   600   KILOMETERS

LES ANTILLES

AMÉRIQUE DU SUD

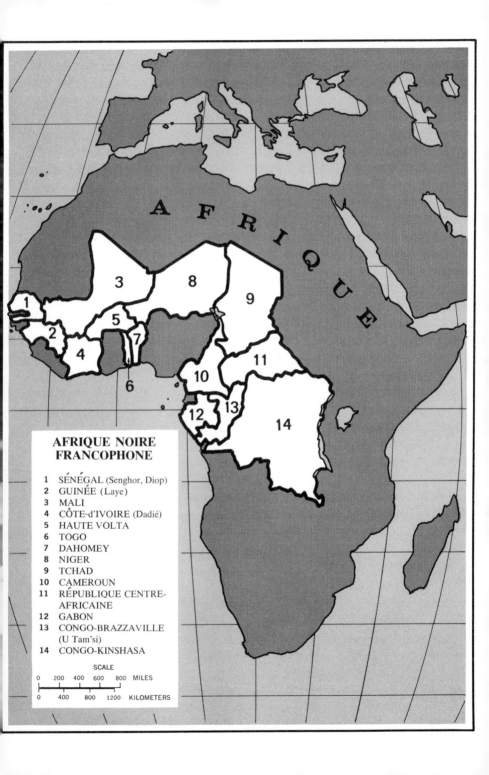

**AFRIQUE NOIRE
FRANCOPHONE**

1   SÉNÉGAL (Senghor, Diop)
2   GUINÉE (Laye)
3   MALI
4   CÔTE-d'IVOIRE (Dadié)
5   HAUTE VOLTA
6   TOGO
7   DAHOMEY
8   NIGER
9   TCHAD
10 CAMEROUN
11 RÉPUBLIQUE CENTRE-
    AFRICAINE
12 GABON
13 CONGO-BRAZZAVILLE
    (U Tam'si)
14 CONGO-KINSHASA

SCALE

0   200 400 600 800   MILES

0   400   800   1200   KILOMETERS

VOIX FRANÇAISES
du
MONDE NOIR

RENÉ MARAN

Son pays:

Petit « problème »: de parents guyanais, Maran est né à la Martinique, aux Antilles françaises, mais il a été élevé en France.

Sa vie:

Né en 1887, Maran, après des études secondaires à Bordeaux, France, a passé maintes années en Afrique Équatoriale française. La publication de *Batouala* termina sa carrière d'administrateur, et Maran se consacra alors presque entièrement à une carrière littéraire. Il est mort en 1960.

Son œuvre:

Après *Batouala,* dont nous reparlerons bientôt, Maran publia de nombreux livres sur l'Afrique. Il faut signaler plus particulièrement *Djouma, chien de la brousse* (1927), *Le Livre de la brousse* (1934), *M'Bala, l'Éléphant* (1942) et *Un homme pareil aux autres* (1947).

Dans *Batouala,* qui obtint le prix Goncourt* en 1921, Maran se proposa d'écrire la *vraie* histoire de la vie coloniale vue par un noir, le chef Batouala.

---

* L'un des grands prix littéraires attribués chaque année en France.

VIE AFRICAINE—
VIE EUROPÉENNE—
RENCONTRE DIFFICILE!

Batouala et ses amis se sont assemblés et ils commencent à réfléchir à leur sort.

Les rires recommencèrent, et se prolongèrent de telle sorte que l'on n'entendait presque pas la vague et lointaine rumeur qui, par moment, semblait sourdre[1] de l'horizon.

Batouala se dressa, d'un bond.

— Ou vous êtes tous des fils de chien, cria-t-il, ivre de 5 chanvre[2] et de *kéné*,[3] ou vous êtes tous déjà plus saouls[4] que moi!

Êtes-vous des hommes, oui ou non? Je crois que c'est non. En tout cas, moi, qui vous parle, je ne peux pas ne pas abhorrer ces *boundjous*... [5] Il me suffit, pour cela, de me rappeler le temps où les M'bis[6] vivaient heureux, tranquilles, au long du grand 10 fleuve Nioubangui, entre Bessou-Kémo et Kémo-Ouadda.[7]

Les belles journées, que les journées de cette époque! Foin de[8] souci! Pas de portage. Pas de caoutchouc à faire ni de routes

---

[1] sourdre = venir, surgir
[2] chanvre: *hemp*
[3] *kéné* (mot africain): bière
[4] saouls = ivres
[5] *boundjous* (mot africain): hommes blancs
[6] M'bis, une des tribus *(tribes)* de l'Oubangui-Chari (en Afrique Équatoriale française)
[7] Régions de l'Oubangui-Chari (appelé maintenant République Centre-Africaine; tous les autres lieux mentionnés dans cet extrait sont dans ce pays).
[8] foin de, interjection exprimant le dégoût *(disgust)*

à débrousser.[9] On ne pensait qu'à boire, à manger, à dormir, à danser, à chasser et à chevaucher[10] nos femmes.

Yaba![11] c'était le bon temps... Parurent[12] les premiers blancs. Les miens[13] et leurs capitas,[14] emportant fétiches,[15] mar-
5 mites, poules, nattes, chiens, femmes, cabris,[16] enfants, canards, se replièrent sur[17] Krébédjé.

J'étais, alors, bien petit... Luttes à soutenir contre les populations du voisinage, cases[18] à construire, plantations à ensemencer.[19] Nous n'avions pas encore commencé à respirer en paix,
10 que des *boundjous* venus on ne sait d'où prennent pied à Krébédjé et s'y établissent pour toujours.

Nous n'avons rien de plus pressé que de mettre entre eux et nous un certain nombre de marigots.[20] Nous arrivons à Griko, sur les bords de la Kouma dont les eaux sont fraîches et poisson-
15 neuses.[21] L'endroit nous plaît. Nous nous décidons à nous y arrêter. Les mêmes difficultés que naguère[22] président naturellement à notre installation. Palabres[23] à main armée. Prise de possession des terres d'où nous avons délogé nos ennemis. Que sais-je enfin? Et tout serait pour le mieux, si les blancs, encore eux, ne
20 s'étaient avisés, un beau jour, de fondre sur[24] Griko, comme un vol de charognards[25] sur de la charogne.

Nous reprenons la brousse, une fois de plus. Grimari! Nous sommes à Grimari. Nous avons tôt fait de trouver un emplacement à notre goût entre la Bamba et la Pombo.[26] Nous poussons

---

[9] débrousser = enlever la brousse *(bush)*
[10] chevaucher: *to mount, to straddle*
[11] *yaba*, exclamation africaine
[12] parurent (passé simple de paraître) = arrivèrent
[13] les miens: *my people*
[14] capitas: *vassals*
[15] fétiches = objets vénérés (respectés), idoles
[16] cabris = petites chèvres
[17] se replièrent sur = se retirèrent à
[18] cases: *huts*
[19] ensemencer: *to sow*
[20] marigots, petites rivières qui se perdent dans la terre
[21] poissonneuses = pleines de poissons
[22] naguère: *a short time before*
[23] palabres = discussions
[24] fondre sur = se jeter sur, se précipiter sur
[25] charognards, oiseaux qui aiment la charogne *(carrion)*
[26] noms de rivières

nos travaux de premier établissement. Lalalala! Nous n'avions pas fini de bâtir nos cases et de défricher[27] les terrains convenant à nos plantations, que ces maudits[28] blancs étaient déjà sur nous.

C'est alors que, la mort dans l'âme, découragés, fatigués, désespérés — nous avions perdu tant de nos frères, au cours de nos migrations belliqueuses — c'est alors que nous restâmes où nous étions et que nous nous efforçâmes de faire aux *boundjous* bonne figure.[29]

La lointaine rumeur immense se rapprochait peu à peu.

— Notre soumission, reprit[30] Batouala, dont la voix allait s'enfiévrant,[31] notre soumission ne nous a pas mérité leur bienveillance. Et d'abord, non contents de s'appliquer à supprimer nos plus chères coutumes, ils n'ont eu de cesse qu'ils[32] ne nous aient imposé les leurs.

Ils n'y ont, à la longue,[33] que trop bien réussi. Résultat: la plus morne tristesse règne, désormais, par tout le pays noir. Les blancs sont ainsi faits, que la joie de vivre disparaît des lieux où ils prennent quartiers.[34]

Depuis que nous les subissons, plus[35] le droit de jouer quelque argent que ce soit au *patara*.[36] Plus le droit non plus de nous enivrer.[37] Nos danses et nos chants troublent leur sommeil. Les danses et les chants sont pourtant toute notre vie. Nous dansons pour fêter Ipeu, la lune, ou pour célébrer Lolo, le soleil. Nous dansons à propos de tout, à propos de rien, pour le plaisir. Rien ne se fait ni ne se passe, que nous le dansions aussitôt. Et nos danses sont innombrables. Nous dansons la danse de l'eau de la terre et de l'eau du ciel, la danse du feu, la danse du vent, la danse de la fourmi, la danse de l'éléphant, la danse des arbres, la danse

---

[27] défricher = nettoyer
[28] maudits: *damned, cursed*
[29] faire... bonne figure = recevoir avec dignité
[30] reprit = continua
[31] allait s'enfiévrant = devenait de plus en plus agitée
[32] ils n'ont eu de cesse que: *they did not let up until*
[33] à la longue: *in the long run*
[34] prennent quartiers = s'installent
[35] plus = nous n'avons plus
[36] *patara,* jeu local
[37] nous enivrer = devenir ivre

des feuilles, la danse des étoiles, la danse de la terre et de ce qui est dedans, toutes les danses, toutes les danses. Ou, plutôt, mieux est de dire que naguère nous les dansions toutes. Car, pour ce qui est des jours que nous vivons, on ne nous les tolère
5 plus que rarement. Et encore nous faut-il payer une dîme[38] au « Gouvernement! »

Au fond, on obéirait bien aux *boundjous,* sans même songer à protester, s'ils étaient seulement plus logiques avec eux-mêmes. Le malheur est qu'il n'en est rien.[39] Un exemple, entre tant
10 d'autres. Tenez, il y a deux ou trois lunes, ne voilà-t-il pas que cet animal d'Ouorro, saoul comme, seul, un vrai blanc sait l'être, ne voilà-t-il pas que mon Ouorro s'avise de rouer de coups[40] l'une de ses *yassis.*[41]

Je vous assure, par N'Gakoura,[42] que, pour ce qui est de
15 rosser sa femme, on ne fait pas mieux. Ayayaille! Il vous l'avait bien rossée,[43] je vous le garantis. Elle n'était plus que plaies et bosses. C'était, à n'en pas douter, du beau travail. Le blâme qui veut. Quel est celui de nous qui n'a jamais triqué[44] l'une de ses femmes?

20 Donc, jusque-là, rien que de très normal. Voici où l'affaire se corse.[45] Notre drôlesse,[46] au lieu de rester dans sa case, bien tranquille avec sa raclée,[47] ne s'avise-t-elle pas d'aller se plaindre au « commandant », qui hébergeait[48] justement, ce jour-là, quelques blancs de passage!

25 Je ne vous apprends rien, quand je vous dis que notre « commandant » est d'une sobriété rare pour un blanc. Ce jour-là, il était plein à tomber, plein à ne pouvoir distinguer un cabri d'un éléphant.

---

[38] dîme, espèce de taxe
[39] il n'en est rien = ce n'est pas le cas
[40] rouer de coups = battre violemment, rosser
[41] *yassis* (mot africain): femmes
[42] N'Gakoura: Dieu
[43] il vous l'avait bien rossée: *he had beaten her good and proper*
[44] triqué = battu avec une trique (gros bâton)
[45] se corse = devient compliquée
[46] drôlesse: *hussy*
[47] raclée: *thrashing*
[48] hébergeait = recevait chez lui

Il tempête, en voyant dans quel état ce pauvre Ouorro a mis sa femme, hèle[49] un *tourougou*[50] et lui donne l'ordre d'aller chercher ce trop bon mari, pour le mener en prison. Et comme le milicien, un peu surpris de la disproportion qu'il y avait entre la faute et le châtiment, apportait quelque lenteur à exécuter l'ordre reçu, le « commandant » s'empara d'une[51] bouteille vide et, fou de colère, la lança à toute volée,[52] dans la direction du malheureux *tourougou*, qui atteint à la tête, croula[53] sur le sol, geignant[54] de douleur, comme une masse.

Devant cette bonne blague,[55] les blancs, tous les blancs s'esclaffèrent.[56] Voilà. C'est ainsi qu'on nous traite partout. Essaie voire,[57] vieil ami Yabada, de risquer, sous les yeux du « commandant », rien que deux francs au *patara!* La chicotte[58] est le moins que puisse te valoir ce crime abominable. Il n'y a que les *boundjous* qui aient le droit de jouer de l'argent au jeu et de le perdre.

Les yeux injectés de sang, il vociférait en bégayant:[59]

— Les *boundjous* ne valent rien. Ils ne nous aiment pas. Ils ne sont venus chez nous que pour nous faire crever.[60] Ils nous traitent de menteurs! Nos mensonges ne trompent personne! Si, parfois, nous embellissons[61] le vrai, c'est parce que la vérité a presque toujours besoin d'être embellie, c'est parce que le manioc[62] sans sel n'a pas de saveur.

Eux, ils mentent pour rien. Ils mentent comme on respire, avec méthode et mémoire. De là, leur supériorité sur nous.

Ils disent, par exemple, que les nègres se haïssent, de cheffat[63] à cheffat. Ayayaille! Mais le *boundjoulis* ou commerçants,

---

49 hèle = appelle
50 *tourougou*, gendarme local
51 s'empara d'une = prit une
52 à toute volée = avec vigueur
53 croula = tomba
54 geignant (de geindre): *whining*
55 blague = plaisanterie
56 s'esclaffèrent = rirent bruyamment
57 voire = même
58 chicotte = fouet
59 bégayant: *stammering*
60 faire crever = tuer
61 embellissons = rendons plus beau
62 manioc: *cassava*
63 cheffat, lieu où il y a un chef

les *Mon Pôlo* ou missionaires, les *yongorogombés* ou tirailleurs[64] peuvent-ils s'entendre avec les « commandants? » Et pourquoi ne leur ressemblerions-nous pas, sur ce point? L'homme, quelle que soit sa couleur, est toujours un homme, ici comme à M'Poutou.[65]

La lointaine immense rumeur, pareille au bombillement[66] de milliers de mouches vertes ou bleues vautrées[67] sur une charogne, devenait de moment en moment plus distincte.

— Je ne me lasserai[68] jamais de dire, proférait[69] cependant Batouala, je ne me lasserai jamais de dire la méchanceté des *boundjous*. Jusqu'à mon dernier souffle, je leur reprocherai leur cruauté, leur duplicité, leur rapacité.

Que ne nous ont-ils pas promis, depuis que nous avons le malheur de les connaître! Vous nous remercierez plus tard, nous disaient-ils. C'est pour votre bien que nous vous forçons à travailler.

L'argent que nous vous obligeons à gagner, nous ne vous en prenons qu'une infime[70] partie. Nous nous en servirons pour vous construire des villages, des routes, des ponts, des machines qui marchent, au moyen du feu, sur des barres de fer.

Les routes, les ponts, ces machines extraordinaires, où ça? *Mata! Nini!*[71] Rien, rien! Bien plus, ils nous volent jusqu'à nos derniers sous,[72] au lieu de ne prendre qu'une partie de nos gains! Et vous ne trouvez pas notre sort lamentable?...

Il y a une trentaine de lunes, on achetait encore notre caoutchouc à raison de trois francs le kilo. Sans ombre d'explication, du jour au lendemain, on ne nous a plus payé que quinze sous la même quantité de *banga*.[73] Ehein, quinze sous: un *méya* et cinq *bi'mbas*.[74] Et c'est juste ce moment-là que le « Gouverne-

---

[64] tirailleurs: *riflemen*
[65] M'Poutou: Europe
[66] bombillement = bruit (que font les mouches)
[67] vautrées = couchées
[68] lasserai = fatiguerai
[69] proférait = disait
[70] infime= très petite
[71] exclamations africaines
[72] sous: *pennies*
[73] *banga* (mot africain) : caoutchouc
[74] monnaie du pays

ment » a choisi pour porter notre impôt de capitation[75] de cinq à sept et même dix francs!

Or, personne n'ignore que, du premier jour de la saison sèche au dernier de la saison des pluies notre travail n'alimente que l'impôt, lorsqu'il ne remplit pas, par la même occasion, les 5 poches de nos commandants.

Nous ne sommes que des chairs à impôt. Nous ne sommes que des bêtes de portage. Des bêtes? Même pas. Un chien? Ils le nourrissent, et soignent[76] leur cheval. Nous? Nous sommes, pour eux, moins que ces animaux, nous sommes plus bas que les plus 10 bas. Ils nous crèvent lentement.

Une foule suant[77] l'ivresse se pressait derrière la troupe constituée par Batouala, les anciens, les chefs et leurs capitas.

Il y eut des injures, des insultes. Batouala avait mille fois raison. On vivait heureux, jadis[78] avant la venue des *boundjous*. 15 Travailler peu, et pour soi, manger, boire et dormir; de loin en loin, des palabres sanglantes où l'on arrachait le foie des morts pour manger leur courage et se l'incorporer — tels étaient les seuls travaux des noirs, jadis, avant la venue des blancs.

A présent, les nègres n'étaient plus que des esclaves. Il n'y 20 avait rien à espérer d'une race sans cœur. Car les *boundjous* n'avaient pas de cœur. N'abandonnaient-ils pas les enfants qu'ils avaient des femmes noires? Se sachant fils de blancs, ces derniers, devenus grands, ne daignaient[79] pas fréquenter les nègres. Et ces blancs-noirs, en bons *boundjouvoukos*[80] qu'ils étaient, vivaient 25 une vie à part, pleins de haine, suintant[81] l'envie, exécrés de tous, pourris de défauts, malfaisants et paresseux.

Quant aux[82] femmes blanches, inutile d'en parler. On avait cru longtemps qu'elles étaient matière précieuse. On les craignait, on les respectait, on les vénérait à l'égal des fétiches. 30

---

[75] de capitation = par tête
[76] soignent = prennent soin de
[77] suant: *sweating*
[78] jadis = il y a longtemps
[79] daignaient = condescendaient
[80] *boundjouvoukos* (mot africain): blancs-noirs
[81] suintant: *oozing*
[82] quant aux: *as for*

Mais il avait fallu en rabattre.[83] Aussi faciles que les femmes noires, mais plus hypocrites et plus vénales, elles abondaient en vices que ces dernières avaient jusqu'alors ignorés. A quoi bon insister là-dessus! Le comble est[84] qu'elles exigeaient qu'on les
5 respectât... Le vieux père de Batouala étendit la main. Le tumulte s'apaisa comme par enchantement, mais non ce bruit de chants et de musiques qui flottait dans l'air tiède baigné de parfums.

— Mes enfants, tout ce que vous dites n'est que l'expression
10 de la vérité. Seulement vous devriez comprendre qu'il n'est plus temps de songer à réparer nos erreurs. Il n'y a plus rien à faire. Résignez-vous. Quand Bamara, le lion, a rugi, nulle antilope n'ose bramer[85] aux environs. Il en est de nous comme de l'antilope. N'étant pas les plus forts, nous n'avons qu'à nous taire. Il y a va de
15 notre tranquillité.[86]

Permettez-moi de vous rappeler, au surplus, que nous ne sommes nullement ici pour maudire nos maîtres. Je suis vieux. Ma langue s'est desséchée[87] pendant vos controverses. Nous ferions mieux de moins invectiver[88] contre les blancs et de boire
20 davantage. Vous savez aussi bien que moi, que le lit excepté, le Pernod[89] est la seule importante invention des boundjous. Il se peut que ma vue soit courte. J'avais cru pourtant remarquer, il n'y a qu'un instant, plusieurs bouteilles d'absinthe. Batouala, mon fils, aurais-tu par hasard l'intention de les faire couver?[90]
25 On se pâma.[91] D'un seul coup, c'était la détente. Et riant aux larmes lui aussi, Batouala se hâta de largement contenter le désir du malicieux[92] vieillard.

---

[83] en rabattre = changer d'opinion
[84] le comble est: *what beats all is*
[85] bramer = crier
[86] il y va de notre tranquillité: *our peace of mind is at stake*
[87] s'est desséchée = est devenue sèche
[88] invectiver = crier
[89] Pernod, marque de boisson alcoolisée
[90] couver: *to hatch*..
[91] on se pâma: *everyone was convulsed with laughter*
[92] malicieux: *mischievous*

Exercices

A. Répondez oralement ou par écrit aux questions suivantes:

1. Pourquoi, selon Batouala, étaient-ils obligés de faire bonne figure aux *boundjous*?
2. Quels sont les changements qu'apportent les *boundjous*?
3. Quelle place la danse occupait-elle dans la vie des indigènes?
4. Que fait la femme d'Ouorro lorsque celui-ci la rosse?
5. Que fait le « commandant » en entendant la nouvelle?
6. Comment Batouala décrit-il les mensonges?
7. Quelle est la différence entre les mensonges des indigènes et ceux des *boundjous*?
8. Quelles étaient les promesses des *boundjous* aux indigènes?
9. Quelle est l'attitude du père de Batouala?
10. Comment expliquez-vous la déception des indigènes?

B. Sujets de discussion:

1. Comparez ce qui arrive dans *Batouala* avec ce que vous savez des tribus indiennes aux États-Unis.
2. Est-il possible d'adopter complètement la culture et la civilisation d'un pays étranger?

C. Sujets de composition:

1. La conquête de nouvelles terres.
2. Les bienfaits de la civilisation.
3. Peut-on parler d'une morale universelle?

LÉON DAMAS

Son pays:

La Guyane, dite française, département d'Outre-mer de la France en Amérique du Sud, mais souvent associée avec les Antilles.

Sa vie:

Né en 1912 à Cayenne, Damas a fait ses études secondaires à la Martinique, où il était camarade de classe d'Aimé Césaire. Il a poursuivi ses études en France, où il est devenu l'un des grands du mouvement de la négritude. Actuellement, Damas voyage beaucoup en tant que conférencier, et il est « Special Consultant » à l'UNESCO.

Son œuvre:

Poète convaincu, Damas a su ménager la poésie pour exprimer la révolte du noir en face de la civilisation blanche. Le résultat en est *Pigments* (1937). Damas a aussi publié d'autres recueils de poèmes: *Graffiti* (1952), *Black Label* (1956) et *Névralgies* (1966). On lui doit également, entre autres, *Retour de Guyane* (1938) et *Anthologie de poètes d'expression française* (1947)

Tous les poèmes suivants sont extraits de *Pigments*.

Le poète se souvient de son enfance et des tentatives de sa mère qui voulait un fils « modèle ».

HOQUET[1]

POUR VASHTI ET MERCER COOK

Et j'ai beau avaler[2] sept gorgées[3] d'eau
trois à quatre fois par vingt quatre heures
me revient mon enfance
dans un hoquet secouant[4]
mon instinct   5
tel le flic[5] le voyou[6]

Désastre
parlez-moi du désastre
parlez-m'en   10

Ma mère voulant d'un fils très bonnes manières[7] à table
    Les mains sur la table[8]
    le pain ne se coupe pas
    le pain se rompt[9]
    le pain ne se gaspille[10] pas.   15
    le pain de Dieu
    le pain de la sueur[11] du front de votre Père
    le pain du pain

---

[1] hoquet: *hiccups*
[2] j'ai beau avaler = j'avale en vain
[3] gorgée: *mouthful*
[4] secouant = agitant fortement
[5] flic = gendarme
[6] voyou = délinquant
[7] fils très bonnes manières = fils qui ait de très bonnes manières
[8] Ce sont les remontrances de la mère.
[9] se rompt = se casse
[10] gaspiller: *to waste*
[11] sueur: *sweat*

Un os[12] se mange avec mesure et discrétion
un estomac doit être sociable
et tout estomac sociable
se passe de rots[13]
5   une fourchette n'est pas un cure-dents[14]
défense de se moucher[15]
au su
au vu[16] de tout le monde
et puis tenez-vous droit
10   un nez bien élevé
ne balaye pas[17] l'assiette

Et puis et puis
et puis au nom du Père
du Fils
15   du Saint-Esprit
à la fin de chaque repas

Et puis et puis
et puis désastre
parlez-moi du désastre
20   parlez-m'en

Ma mère voulant d'un fils mémorandum

Si votre leçon d'histoire n'est pas sue
vous n'irez pas à la messe
dimanche
25   avec vos effets[18] des dimanches

---

[12] os: *bone*
[13] rots: *belches*
[14] cure-dents: *toothpick*
[15] se moucher: *to blow, wipe one's nose*
[16] au su et au vu = à la connaissance, en face
[17] ne balaye pas = ne se met pas dans
[18] effets = vêtements

Cet enfant sera la honte de notre nom
cet enfant sera notre nom de Dieu[19]

Taisez-vous
Vous ai-je ou non dit qu'il vous fallait parler français

le français de France   5
le français du français
le français français

Désastre
parlez-moi du désastre
parlez-m'en   10

Ma Mère voulant d'un fils
fils de sa mère[20]

Vous n'avez pas salué voisine
encore vos chaussures de sales
et que je vous y reprenne[21] dans la rue   15
sur l'herbe ou la Savane
à l'ombre du Monument aux Morts[22]
à jouer
à vous ébattre[23] avec Untel[24]
avec Untel qui n'a pas reçu le baptême   20

Désastre
parlez-moi du désastre
parlez-m'en

---

[19] cet enfant... Dieu = il sera notre déshonneur; il nous fera, malgré nous, dire:
    « Nom de Dieu! »
[20] un fils fils de sa mère = un fils dont la mère serait très fière
[21] que je vous y reprenne: *just let me catch you*
[22] Monument aux Morts: *War Memorial*
[23] à vous ébattre: *romping, frolicking*
[24] Untel: *So and So*

Ma Mère voulant d'un fils très do
    très ré
    très mi
    très fa
5   très sol
    très la
    très si[25]
    très do
    ré-mi-fa
10   sol-la-si
    do

Il m'est revenu que vous n'étiez encore pas
à votre leçon de vi-o-lon
Un banjo
15 vous dites un banjo
comment dites-vous
un banjo
vous dites bien
un banjo
20 Non monsieur
    vous saurez qu'on ne souffre[26] chez nous
ni ban
ni jo
ni gui
25 ni tare
les *mulâtres*[27] ne font pas ça
laissez donc ça aux *nègres*

---

[25] si: *ti*
[26] qu'on ne souffre = que nous ne permettons
[27] mulâtres: *mulattoes*

Le poète rejette la civilisation européenne.

SOLDE[1]

POUR AIMÉ CÉSAIRE

J'ai l'impression d'être ridicule
dans leurs souliers
dans leur smoking[2]
dans leur plastron[3]
dans leur faux-col   5
dans leur monocle
dans leur melon[4]

J'ai l'impression d'être ridicule
avec mes orteils[5] qui ne sont pas faits
pour transpirer du matin jusqu'au soir qui déshabille   10
avec l'emmaillotage[6] qui m'affaiblit les membres
et enlève à mon corps sa beauté de cache-sexe[7]

J'ai l'impression d'être ridicule
avec mon cou en cheminée d'usine
avec ces maux de tête qui cessent   15
chaque fois que je salue[8] quelqu'un

---

[1] solde: *clearance sale, close out*
[2] smoking: *dinner jacket*
[3] plastron: *shirt front*
[4] melon: *bowler (hat)*
[5] orteils: *toes*
[6] emmaillotage: *swaddling*
[7] cache-sexe: *loin cloth*
[8] je salue = je dis « bonjour » à

J'ai l'impression d'être ridicule
dans leurs salons
dans leurs manières
dans leurs courbettes[9]
5   dans leur multiple besoin de singeries[10]

J'ai l'impression d'être ridicule
avec tout ce qu'ils racontent
jusqu'à ce qu'ils vous servent l'après-midi
un peu d'eau chaude
10   et des gâteaux enrhumés[11]

J'ai l'impression d'être ridicule
avec les théories qu'ils assaisonnent[12]
au goût de leurs besoins
de leurs passions
15   de leurs instincts ouverts la nuit
en forme de paillasson[13]

J'ai l'impression d'être ridicule
parmi eux complice
parmi eux souteneur[14]
20   parmi eux égorgeur[15]
les mains effroyablement[16] rouges
du sang de leur ci-vi-li-sa-tion

---

[9] courbettes: *bowings*

[10] singeries = manières hypocrites, affectées, comme celles des singes

[11] être enrhumé: *to have a cold (the frosting on the cakes makes them seem to have runny noses)*

[12] assaisonnent: *season*

[13] paillasson: *mat*

[14] souteneur: *pimp*

[15] égorgeur: *cut-throat*

[16] effroyablement = horriblement

LA COMPLAINTE
DU NÈGRE

POUR ROBERT GOFFIN

Ils me l'ont rendue
la vie
plus lourde et lasse[1]

Mes aujourd'hui ont chacun sur mon jadis[2]
de gros yeux qui roulent de rancœur   5
de honte

Les jours inexorablement
tristes
jamais n'ont cessé d'être
à la mémoire   10
de ce que fut
ma vie tronquée[3]

Va encore[4]
mon hébétude[5]
du temps jadis[6]   15
de coups de corde noueux[7]
de corps calcinés[8]
de l'orteil au dos calcinés
de chair[9] morte
de tisons[10]   20

---

[1] lasse = fatiguée
[2] Mes... jadis: *Each of my todays looks on my yesterdays (with)*
[3] tronquée = mutilée *(crippled)*
[4] va encore = il existe toujours
[5] hébétude = stupeur
[6] du temps jadis = d'il y a longtemps *(of old)*
[7] coups de corde noueux: *blows with knotted cord*
[8] calcinés = brûlés
[9] chair: *flesh*
[10] tisons: *embers*

de fer rouge
de bras brisés
sous le fouet[11] qui se déchaîne[12]
sous le fouet qui fait marcher la plantation
5 et s'abreuver de[13] sang de mon sang de sang la sucrerie[14]
et la bouffarde[15] du commandeur crâner[16] au ciel.

PAREILLE A MA LÉGENDE

Des cheveux que je lisse[17]
que je relisse
qui reluisent[18]
10 maintenant qu'il m'en coûte[19]
de les avoir crépus[20]

Dans une longue carapace[21] de laine
mon cou s'engouffre[22]
la main s'énerve
15 et mes orteils se rappellent
la chaude exhalaison[23] des mornes[24]

---

[11] fouet: *whip*
[12] qui se déchaîne: *unleashed*
[13] s'abreuver de: *to be steeped in*
[14] sucrerie, lieu où l'on fabrique le sucre
[15] bouffarde = pipe
[16] crâner: *swagger*
[17] lisse: *smooth, sleek*
[18] reluisent = brillent
[19] qu'il m'en coûte = que c'est un problème pour moi
[20] crépus: *kinky, wooly*
[21] carapace: *shell*
[22] s'engouffre: *is engulfed*
[23] exhalaison = odeur
[24] morne, petite montagne aux Antilles

Et mon être frigorifié[25]

Et becs de gaz[26]
qui rendent plus tristes
ces nuits au bout desquelles
occidentalement
avance mon ombre
pareille à ma légende
d'homme-singe

Exercices

A. Répondez oralement ou par écrit aux questions suivantes:

HOQUET

1. Comment le poète considère-t-il les souvenirs d'enfance?
2. Comment imaginez-vous la famille du poète?
3. Quelle sorte de musique allait-il jouer avec le violon?
4. Quelle sorte de musique allait-il jouer avec le banjo et la guitare?

SOLDE

5. A quelle occasion porte-t-on un smoking ou un plastron?
6. Pourquoi le poète se sent-il mal à l'aise?
7. A quelle boisson fait-il allusion en parlant d'un « peu d'eau chaude »?

LA COMPLAINTE DU NÈGRE

8. Qui sont les gens auxquels le poète fait allusion au début?
9. Pourquoi ressent-il de la rancœur et de la honte?
10. Pourquoi le souvenir du temps jadis est-il triste?

---

[25] frigorifié = gelé, glacé
[26] becs de gaz: *gas lights*

11. Pourquoi le poète se lissait-il les cheveux?

12. Où se trouve le poète?

13. De quelle légende s'agit-il?

B. *Sujets de discussion:*

HOQUET

1. Avez-vous eu une situation pareille dans votre famille?

2. Qu'est-ce que c'est qu'un mulâtre?

3. Peut-on vraiment parler de sang « noir » ou « blanc »?

SOLDE

4. Y a-t-il des vêtements dans lesquels vous vous sentiriez ridicule?

5. Discutez l'importance des vêtements.

6. Étudiez les coutumes que rejette le poète.

LA COMPLAINTE DU NÈGRE

7. Discutez les conditions de l'esclavage.

PAREILLE A MA LÉGENDE

8. Discutez le changement d'attitude des noirs contemporains qui ne se « lissent » plus les cheveux.

C. *Sujets de composition:*

1. L'éducation des enfants.

2. Un dîner dans le grand monde *(in high society)*.

3. Le sort de l'homme « transplanté ».

JACQUES ROUMAIN

Son pays:

Haïti, aux Antilles, première république noire à obtenir son indépendance (1804).

Sa vie:

Né à Port-au-Prince en 1907, Roumain termina ses études en Suisse. Après avoir beaucoup voyagé, il retourna en Haïti en 1927 et fonda la *Revue indigène*. Il se tourna alors vers une vie politique très mouvementée. Il est mort en 1944, peu après son retour du Mexique où il était Chargé d'Affaires.

Son œuvre:

Roumain a beaucoup travaillé dans l'ethnologie et dans l'archéologie, mais nous nous bornons ici à son œuvre purement littéraire, dont *Bois d'Ebène* (1945), qui présente tous les thèmes de la négritude, et *Gouverneurs de la rosée* (1946) que certains appellent le classique du roman antillais en français. Il a aussi publié une pénétrante étude, *Les Griefs de l'Homme Noir*.

Gouverneurs de la rosée, d'où vient notre extrait, est à la fois une histoire d'amour et l'histoire des paysans haïtiens exploités par les classes supérieures. Le grand intérêt de ce livre est que l'auteur, petit-fils de président, éduqué d'une manière très aristocratique, s'identifie si naturellement avec les paysans.

PROJETS D'AVENIR

Annaïse, aimée de Manuel, a accepté d'aller à sa rencontre.
Ils s'asseoient et commencent à causer.

— Quel est ce grand causer[1] que tu avais à me faire, et comment, moi Annaïse, je voudrais bien savoir, je pourrais aider un homme comme toi?

Manuel resta un moment sans répondre. Il regardait devant lui avec cette expression tendue et lointaine.   5

— Tu vois la couleur de la plaine, dit-il, on dirait de la paille[2] dans la bouche d'un four[3] tout flambant. La récolte[4] a péri, il n'y a plus d'espoir. Comment vivez-vous? Ce serait un miracle si vous viviez, mais c'est mourir que vous mourrez lentement. Et qu'est-ce que vous avez fait contre? Une seule chose: crier votre   10
misère aux *loa*,[5] offrir des cérémonies pour qu'ils fassent tomber la pluie. Mais tout ça, c'est des bêtises[6] et des macaqueries.[7] Ça ne compte pas, c'est inutile et c'est un gaspillage.[8]

— Alors qu'est-ce qui compte, Manuel? Et tu n'as pas peur de dérespecter les vieux de Guinée?[9]   15

— Non, j'ai de la considération pour les coutumes des anciens, mais le sang d'un coq ou d'un cabri[10] ne peut faire virer[11] les saisons, changer la course des nuages et les gonfler[12] d'eau comme des vessies.[13] L'autre nuit, à ce service de Legba,[14] j'ai

---

[1] causer = discussion, conversation
[2] paille: *straw*
[3] four: *oven*
[4] récolte: *crop, harvest*
[5] *loa*, divinités afro-haïtiennes
[6] bêtises = choses stupides
[7] macaqueries = absurdités, bêtises
[8] gaspillage: *waste*
[9] Guinée, nom donné autrefois à l'Afrique occidentale du Sénégal au Congo;
    les paysans d'Haïti venant de cette région, pour eux: Guinée = Afrique
[10] cabri = petite chèvre
[11] virer = changer, tourner
[12] gonfler = remplir
[13] vessies: *bladders*
[14] Legba, vieux dieu de Guinée (*Africa*), maître des carrefours (*crossroads*)

dansé et j'ai chanté mon plein contentement: je suis nègre, pas vrai? et j'ai pris mon plaisir en tant que nègre véridique.[15] Quand les tambours battent, ça me répond au creux de[16] l'estomac, je sens une démangeaison[17] dans mes reins[18] et un courant dans mes jambes, il faut que j'entre dans la ronde.[19] Mais c'est tout.

— C'est dans ce pays de Cuba[20] que tu as pris ces idées-là?

— L'expérience est le bâton des aveugles et j'ai appris que ce qui compte, puisque tu me le demandes, c'est la rébellion, et la connaissance que l'homme est le boulanger de la vie.

— Ah, nous autres, c'est la vie qui nous pétrit.[21]

— Parce que vous êtes une pâte[22] résignée, voilà ce que vous êtes.

— Mais qu'est-ce qu'on peut faire, est-ce qu'on n'est pas sans recours et sans remèdes devant le malheur? C'est la fatalité, que veux-tu.

— Non, tant qu'on[23] n'est pas ébranché de ses bras[24] et qu'on a le vouloir de lutter contre l'adversité. Que dirais-tu, Anna, si la plaine se peinturait à neuf,[25] si dans la savane, l'herbe de Guinée montait haute comme une rivière en crue?[26]

— Je dirais merci pour la consolation.

— Que dirais-tu si le maïs[27] poussait dans la fraîcheur?

— Je dirais merci pour la bénédiction.

— Est-ce que tu vois les grappes du petit-mil,[28] et les merles[29] pillards[30] qu'il faut chasser? Tu vois les épis?[31]

---

[15] véridique = vrai
[16] au creux de = au fond de
[17] démangeaison: *itching*
[18] reins: *loins*
[19] ronde = cercle
[20] Manuel venait de rentrer de Cuba.
[21] pétrit = façonne, forme
[22] Manuel continue l'image: on pétrit la pâte *(dough)*.
[23] tant que: *as long as*
[24] on n'est pas ébranché de ses bras = on ne nous a pas coupé les bras
[25] à neuf = à nouveau
[26] en crue: *swollen*
[27] maïs: *corn*
[28] mil: *millet*
[29] merles: *blackbirds*
[30] pillards = qui aiment piller *(plunder, steal)*
[31] épis: *ears (of corn, cereal, etc.)*

Elle ferma les yeux:

— Oui, je vois.

— Est-ce que tu vois les bananiers penchés à cause du poids des régimes?[32]

— Oui.

— Est-ce que tu vois les vivres[33] et les fruits mûrs?

— Oui, oui.

— Tu vois la richesse?

Elle ouvrit les yeux.

— Tu m'as fait rêver. Je vois la pauvreté.

— C'est pourtant ce qui serait, s'il y avait quoi, Anna?

— La pluie, mais pas seulement une petite farinade:[34] de grandes, de grosses pluies persistantes.

— Ou bien l'arrosage,[35] n'est-ce pas?

— Mais la source Fanchon est à sec[36] et la source Lauriers aussi.

— Suppose, Anna, suppose que je découvre l'eau, suppose que je l'amène dans la plaine.

Elle leva sur lui un regard ébloui:[37]

— Tu ferais cela, Manuel?

Elle s'attachait à chacun de ses traits avec une intensité extraordinaire, comme si, lentement, il lui était révélé, comme si pour la première fois, elle le reconnaissait.

Elle dit d'une voix assourdie[38] par l'émotion:

— Oui, tu le feras. Tu es le nègre qui trouvera l'eau, tu seras le maître des sources, tu marcheras dans ta rosée[39] et au milieu de tes plantes. Je sens ta force et ta vérité.

— Pas moi seulement, Anna. Tous les habitants auront leur part, tous jouiront de[40] la bienfaisance de l'eau.

Elle laissa aller ses bras avec découragement.

---

[32] régimes: *bunches*
[33] vivres = nourriture
[34] farinade = petite pluie fine (comme de la farine qui tombe)
[35] arrosage = irrigation
[36] à sec = sans eau
[37] ébloui: *dazzled*
[38] assourdie = rendue moins sonore
[39] rosée: *dew*
[40] jouiront de = goûteront

— Ay, Manuel, ay frère, toute la journée ils affilent[41] leurs dents avec des menaces; l'un déteste l'autre, la famille est désaccordée, les amis d'hier sont les ennemis d'aujourd'hui et ils ont pris deux cadavres pour drapeaux et il y a du sang sur ces morts
5 et le sang n'est pas encore sec.

— Je sais, Anna, mais écoute-moi bien: ce sera un gros travail de conduire l'eau jusqu'à Fonds Rouge,[42] il faudra le concours de tout le monde et s'il n'y a pas de réconciliation ce ne sera pas possible.

10 Je vais te raconter: dans les commencements, à Cuba, on était sans défense et sans résistance; celui-ci se croyait blanc, celui-là était nègre et il y avait pas mal de mésentente[43] entre nous: on était éparpillé[44] comme du sable et les patrons marchaient sur ce sable. Mais lorsque nous avons reconnu que nous
15 étions tous pareils, lorsque nous nous sommes rassemblés pour la *huelga*...[45]

— Qu'est-ce que c'est ce mot: la huelgue?

— Vous autres, vous dites plutôt la grève.

— Je ne sais pas non plus ce que ça veut dire.

20 Manuel lui montra sa main ouverte:

— Regarde ce doigt comme c'est maigre, et celui-là tout faible, et cet autre pas plus gaillard,[46] et ce malheureux, pas bien fort non plus, et ce dernier tout seul et pour son compte.

Il serra le poing:

25 — Et maintenant, est-ce que c'est assez solide, assez massif, assez ramassé? On dirait que oui, pas vrai? Eh bien, la grève, c'est ça: un NON de mille voix qui ne font qu'une et qui s'abat[47] sur la table du patron avec le pesant[48] d'une roche. Non, je te dis: non, et c'est non. Pas de travail, pas de *zafra*,[49] pas un brin[50]

---

[41] affilent: *sharpen*
[42] Fonds Rouge, endroit où habitent les personnages principaux du roman
[43] mésentente: *misunderstanding*
[44] éparpillé = dispersé
[45] *huelga* (mot espagnol): grève *(strike)*
[46] gaillard = fort
[47] s'abat = tombe
[48] pesant = poids
[49] *zafra* (mot espagnol) : récolte (de la canne à sucre)
[50] brin: *blade*

d'herbe de coupé si tu ne nous paies le juste prix du courage et de la peine de nos bras. Et le patron, qu'est-ce qu'il peut faire, le patron? Appeler la police. C'est ça. Parce que les deux, c'est complice comme la peau et la chemise. Et chargez-moi ces brigands. On n'est pas des brigands, on est des travailleurs, des 5 proléteurs,[51] c'est comme ça que ça s'appelle, et on reste en rangs têtus[52] sous l'orage; il y en a qui tombent, mais le reste tient bon, malgré la faim, la police, la prison, et pendant ce temps la canne attend et pourrit sur pied,[53] la Centrale[54] attend avec les dents désœuvrées[55] de ses moulins, le patron attend avec ses calculs et 10 tout ce qu'il avait escompté[56] pour remplir ses poches et à la fin des fins, il est bien obligé de composer: alors quoi,[57] qu'il dit,[58] on ne peut pas causer? Sûr, qu'on peut causer. C'est qu'on a gagné la bataille. Et pourquoi? Parce qu'on s'est soudé[59] en une seule ligne comme les épaules des montagnes et quand la volonté de 15 l'homme se fait haute et dure comme les montagnes it n'y a pas de force sur terre ou en enfer pour l'ébranler[60] et la détruire.

Il regarda au loin, vers la plaine, vers le ciel dressé comme une falaise[61] de lumière:

— Tu vois, c'est la plus grande chose au monde que tous les 20 hommes sont frères, qu'ils ont le même poids dans la balance de la misère et de l'injustice.

Elle dit humblement:

— Et moi, quel est mon rôle?

— Quand j'aurai déterré[62] l'eau, je te ferai savoir et tu 25 commenceras à parler aux femmes. Les femmes, c'est plus ir- ritable, je ne dis pas non, mais c'est plus sensible aussi et porté du côté du cœur, et il y a des fois, tu sais, le cœur et la raison c'est

---

[51] proléteurs = prolétaires
[52] têtus = obstinés
[53] pourrit sur pied: *rots on the spot*
[54] la Centrale = l'usine
[55] désœuvrées = qui n'ont rien à faire
[56] escompté = compté sur, anticipé
[57] alors quoi = allons
[58] qu'il dit = dit-il
[59] soudé = joint, uni
[60] ébranler = faire trembler
[61] falaise: *cliff, sheer wall*
[62] déterré = découvert

du pareil au même. Tu diras: Cousine Une Telle,[63] tu as appris la nouvelle? Quelle nouvelle? elle répondra. — On répète comme ça que le garçon de Bienaimé, ce nègre qui s'appelle Manuel, a découvert une source. Mais il dit que c'est tout un tracas de[64]
5 l'amener dans la plaine, qu'il faudrait faire un *coumbite*[65] général, et comme on est fâchés, ce n'est pas possible et la source restera là où elle est sans profit pour personne. Et puis tu mettras le causer sur la pente de[66] la sécheresse, de la misère, et comment les enfants faiblissent et tombent malades et que tout de même s'il y
10 avait l'arrosage ça changerait du tout au tout, et si elle a un semblant de[67] t'écouter tu diras encore que cette histoire de Dorisca et de Sauveur[68] avait peut-être fait son temps, que l'intérêt des vivants passait avant la vengeance des morts. Tu feras le tour des commères[69] avec ses paroles, mais va avec précaution et
15 prudence, va avec des: « c'est dommage, oui; et si pourtant; peut-être que malgré tout... » Tu as compris, ma négresse?
    — J'ai compris et je t'obéirai, mon nègre.
    — Si ça prend,[70] les femmes vont rendre leurs hommes sans repos. Les plus récalcitrants vont se fatiguer de les entendre
20 jacasser[71] toute la sainte journée, sans compter la nuit: de l'eau, de l'eau, de l'eau... Ça va faire une sonnaille[72] de grelots[73] sans arrêt dans leurs oreilles: de l'eau, de l'eau, de l'eau... jusqu'au moment où leurs yeux verront vraiment l'eau courir dans les jardins, les plantes pousser toutes seules, alors ils diront: Bon,
25 oui, femmes, c'est bien, nous consentons.
    De mon côté, je suis responsable de mes habitants, je leur parlerai comme il faut, et ils accepteront, je suis sûr et certain. Et je vois arriver le jour quand les deux partis seront face à face:

---

[63] Une Telle: *So and So*
[64] c'est tout un tracas de = il y a beaucoup de difficulté à
[65] *coumbite* (mot haïtien), travail agricole collectif accompagné de chants et de danses
[66] tu... la pente de: *you'll bring the conversation around to*
[67] elle a un semblant de = elle a l'air de
[68] Ce sont d'autres paysans.
[69] commères = femmes bavardes
[70] prend = réussit
[71] jacasser = parler, bavarder sans arrêt
[72] sonnaille: *ringing*
[73] grelots: *small bells*

« Alors, frères, diront les uns, est-ce que nous sommes frères? »

« Oui, nous sommes frères, feront[74] les autres. »

« Sans rancune? »[75]

« Sans rancune. »   5

« Tout de bon? »[76]

« Tout de bon. »

« En avant pour le *coumbite*? »

« En avant pour le *coumbite*. »

— Ah, dit-elle avec un sourire émerveillé, comme tu as de 10
la malice. Je n'ai pas d'esprit moi-même, mais je suis rusée[77]
aussi, oui; tu verras.

— Toi-même? Tu es pleine d'esprit, et la preuve: tu vas répondre à cette question, c'est une devinette.[78]

Il désigna la plaine de la main tendue.   15

— Tu vois ma case?[79] *Bueno.*[80] Maintenant suis-moi sur la gauche, tire une ligne toute drète[81] à partir du morne[82] jusqu'à cet emplacement à la lisière[83] du bois. *Bueno.* C'est un bel emplacement, non? On pourrait bâtir une case là, avec une balustrade, deux portes et deux fenêtres, et peut-être bien un 20
petit perron,[84] non? Les portes, les fenêtres, les balustrades, je vois ça peinturé en bleu. Ça fait propre le bleu.[85] Et devant la case, si on plantait des lauriers, c'est pas très utile les lauriers, ça ne donne ni ombrage, ni fruits, mais ce ne serait rien que pour le plaisant de l'ornement.   25

Il passa son bras autour de ses épaules et elle frémit.[86]

— Qui serait la maîtresse de la case?

---

[74] feront = diront
[75] rancune = rancœur, animosité
[76] tout de bon = sérieusement, vraiment
[77] rusée: *cunning, crafty*
[78] devinette: *riddle*
[79] case: *hut*
[80] *Bueno* (mot espagnol): bon
[81] drète = droite
[82] morne = petite montagne
[83] lisière = bord, limite
[84] perron: *flight of steps*
[85] ça fait propre le bleu: *blue looks clean*
[86] frémit: *shuddered*

— Lâche-moi, dit-elle d'une voix étranglée, j'ai chaud.

— Qui serait la maîtresse du jardin?

— Lâche-moi, lâche-moi, j'ai froid.

Elle se délivra[87] de son étreinte[88] et se leva. Elle avait la
5 tête baissée, elle ne le regardait pas.

— Il est temps pour moi de partir.

— Tu n'as pas répondu à ma question, non.

Elle commença à redescendre la pente et il la suivit. Elle
détacha la bride[89] du cheval.

10 — Tu n'as pas répondu à ma question.

Elle se retourna vers Manuel.

Une lumière illumina son visage, ce n'était pas un rayon de
soleil couchant, c'était la grande joie.

— Oh Manuel.

15 Il tenait embrassée la chaude et profonde douceur de
son corps.

— C'est oui, Anna?

— C'est oui, chéri. Mais laisse-moi aller, je t'en prie.

Il écouta sa prière et elle glissa de ses bras.

20 — Alors, adieu mon maître, dit-elle dans une révérence.

— Adieu, Anna.

D'un élan[90] aisé, elle sauta sur sa monture.[91] Une dernière
fois, elle lui sourit, puis éperonnant[92] le cheval du talon, elle
redescendit vers la ravine.

---

[87] délivra = libéra
[88] étreinte: *embrace*
[89] bride: *rein*
[90] d'un élan: *at one bound*
[91] monture = bête sur laquelle on monte
[92] éperonnant = piquant avec l'éperon *(spur)*

Exercices

A. Répondez oralement ou par écrit aux questions suivantes:

1. Selon Manuel, que faisaient les paysans contre leur misère?
2. Comment se manifeste l'esprit révolutionnaire de Manuel?
3. Annaïse, que voit-elle en rouvrant les yeux?
4. Pourquoi la terre est-elle desséchée?
5. Quelle solution Manuel propose-t-il pour terminer la sécheresse?
6. Comment expliquez-vous l'appréhension d'Annaïse?
7. Qu'est-ce que Manuel avait appris à Cuba?
8. Que propose Manuel pour répandre la nouvelle?
9. A quoi rêve Manuel à la fin du passage?
10. Qu'est-ce qu'Annaïse a consenti à faire?

B. Sujets de discussion:

1. Étudiez l'image de la grève telle que la décrit Manuel.
2. Commentez la psychologie de Manuel lorsqu'il décide de passer par les commères.
3. Discutez le caractère de Manuel.
4. A la fin du roman, Manuel est tué par un paysan jaloux. Que pensez-vous de cela?

C. Sujets de composition:

1. « L'expérience est le bâton des aveugles. » (Manuel)
2. « L'homme est le boulanger de la vie. » (Manuel)
3. Les avantages et les inconvénients d'une grève.
4. L'union fait la force.

GUY TIROLIEN

Son pays:

La Guadeloupe (composée de deux îles), aux Antilles françaises, département d'Outre-mer de la France depuis 1946.

Sa vie:

Né en 1917, Tirolien a fait ses études secondaires à Point-à-Pitre (Guadeloupe). Après un stage en France, il est parti, au lendemain de la deuxième guerre mondiale, pour l'Afrique, en tant qu'administrateur de la France d'Outre-mer. Il représente, à l'heure actuelle, les Nations Unies au Mali.*

Son œuvre:

Parmi ses publications littéraires se signale surtout le recueil de poèmes, *Balles d'Or,* d'où sont extraits les quatre poèmes que voici. On ne peut qu'être charmé par la prière, naïve mais pénétrante, de cet enfant nègre, ainsi que par le ton nostalgique de « Redécouverte » et d' « Îles », et par l'humanisme sans restrictions de couleurs qui suit le rejet d'anciennes impressions dans « Ghetto. »

---

* le Mali, république d'Afrique occidentale

PRIÈRE
D'UN PETIT ENFANT
NÈGRE

Seigneur
je suis très fatigué
je suis né fatigué
et j'ai beaucoup marché depuis le chant du coq
et le morne[1] est bien haut   5
qui mène à leur école

Seigneur je ne veux plus aller à leur école;
faites je vous en prie que je n'y aille plus.

Je veux suivre mon père dans les ravines fraîches
quand la nuit flotte encore dans le mystère des bois   10
où glissent les esprits que l'aube[2] vient chasser.

Je veux aller pieds nus par les sentiers brûlés
qui longent[3] vers midi les mares[4] assoiffées.[5]

Je veux dormir ma sieste au pied des lourds manguiers.[6]

Je veux me réveiller   15
lorsque là-bas mugit[7] la sirène des blancs
et que l'usine
ancrée[8] sur l'océan des cannes
vomit dans la campagne son équipage[9] nègre.

---

[1] morne, petite montagne aux Antilles
[2] aube = premières heures du matin
[3] longent = s'étendent le long de
[4] mares: *pools, ponds*
[5] assoiffées = qui ont soif
[6] manguiers: *mango trees*
[7] mugit = sonne
[8] ancrée: *anchored*
[9] équipage: *crew*

Seigneur je ne veux plus aller à leur école;
faites je vous en prie que je n'y aille plus.

Ils racontent qu'il faut qu'un petit nègre y aille
pour qu'il devienne pareil
5   aux messieurs de la ville
          aux messieurs comme il faut;[10]

mais moi je ne veux pas
      devenir comme ils disent
          un monsieur de la ville
10   un monsieur comme il faut.

Je préfère flâner[11] le long des sucreries[12]
où sont les sacs repus[13]
que gonfle[14] un sucre brun
autant que ma peau brune.

15 Je préfère
vers l'heure où la lune amoureuse
parle bas à l'oreille
des cocotiers[15] penchés
écouter ce que dit
20 dans la nuit
la voix cassée d'un vieux qui raconte en fumant
les histoires de Zamba
et de compère Lapin[16]
et bien d'autres choses encore
25 qui ne sont pas dans leurs livres.

---

[10] comme il faut = très corrects, bien élevés
[11] flâner = me promener (sans but précis)
[12] sucrerie, usine où l'on fabrique le sucre
[13] repus = pleins
[14] gonfle: *swells out*
[15] cocotiers: *coconut trees*
[16] personnages de fables locales

Les nègres vous le savez n'ont que trop travaillé
pourquoi faut-il de plus
apprendre dans des livres
qui nous parlent de choses qui ne sont point d'ici.

Et puis   5
elle est vraiment trop triste leur école
triste comme
ces messieurs de la ville
       ces messieurs comme il faut
qui ne savent plus danser le soir au clair de lune   10
qui ne savent plus marcher sur la chair[17] de leurs pieds
qui ne savent plus conter les contes aux veillées[18] —

Seigneur je ne veux plus aller à leur école.

REDÉCOUVERTE

Je reconnais mon île plate, et qui n'a pas bougé.
Voici les Trois-Ilets, et voici la Grand-Anse.
Voici derrière le Fort les bombardes[19] rouillées.[20]   15
Je suis comme l'anguille[21] flairant[22] les vents salés,
et qui tâte le pouls des[23] courants.

---

[17] chair: *flesh*
[18] veillées: *evening gatherings*
[19] bombardes: *early pieces of artillery*
[20] rouillées = qui ont de la rouille (*rust*)
[21] anguille: *eel*
[22] flairant: *smelling, sensing*
[23] tâte le pouls de: *sounds out*

Salut, île! C'est moi. Voici ton enfant qui revient.
Par delà la ligne blanche des brisants,[24]
et plus loin que les vagues aux paupières de feu,
je reconnais ton corps brûlé par les embruns.[25]

5   J'ai souvent évoqué la douceur de tes plages
tandis que sous mes pas
crissait[26] le sable du désert.
Et tous les fleuves du Sahel[27] ne me sont rien
auprès de l'étang[28] frais où je lave ma peine.

10   Salut terre matée, terre démâtée![29]
Ce n'est pas le limon[30] que l'on cultive ici,
ni les fécondes alluvions.

C'est un sol sec que mon sang même
n'a pas pu attendrir,
15   et qui geint[31] sous le soc [32] comme femme éventrée.[33]

Le salaire de l'homme ici,
ce n'est pas cet argent qui tinte clair,[34] un soir de paye,
c'est l'espoir qui flotte incertain au sommet des cannes
saoules[35] de sucre.
20   Car rien n'a changé.

Les mouches sont toujours lourdes de vesou,[36]
et l'air chargé de sueur.[37]

---

[24] brisants: *breakers*
[25] embruns: *spray*
[26] crissait: *crunched*
[27] Sahel, région qui borde le Sahara vers le sud-est
[28] étang: *pond*
[29] terre matée, terre démâtée: *land subdued, land unmasted*
[30] limon: *silt*
[31] geint (de geindre): *whines*
[32] soc: *ploughshare*
[33] éventrée = dont le ventre a été ouvert
[34] tinte clair: *has a crisp chink*
[35] saoules = rassasiées, pleines
[36] vesou, jus de la canne à sucre
[37] sueur: *sweat*

ÎLES

Voici la maison basse
où ma race a poussé.
D'un tour de reins,[1] la route
redresse son élan.
Ira-t-elle jusqu'aux eaux lasses[2]   5
sous les manguiers là-bas ?

Odeurs de terre brûlée et de morue salée[3]
coulant sous le museau[4] de la soif.
Sourire plissant[5] l'icaque[6] mûre
d'un vieux visage.   10
Prière indécise des fumées.
Souffrance d'un long hennissement[7]
grimpant la pente des ravines.
Voix de rhum
réchauffant de leur haleine   15
nos oreilles.
Dominos[8] mitraillant[9] le repos des oiseaux.

Rythmes de calypsos
au ventre chaud de nos banjos.
Rires du désir dans les viscères[10] de la nuit.   20

---

[1] d'un tour de reins: *with a twist*
[2] lasses = fatiguées
[3] morue salée: *salted cod*
[4] museau = nez
[5] plissant: *creasing, wrinkling*
[6] icaque: *coco-plum*
[7] hennissement: *whinny, neigh*
[8] dominos = joueurs de dominos
[9] mitraillant = dérangeant sans arrêt (par leurs cris)
[10] viscères, organes de l'abdomen = profondeurs

Bouches privées de pain
buvant l'alcool mauvais
des mots.

L'île pousse vers demain
5   sa cargaison[11] d'humanité.

GHETTO

pourquoi m'enfermerais-je
dans cette image de moi
qu'ils voudraient pétrifier ?
pitié je dis pitié !
10   j'étouffe[12] dans le ghetto de l'exotisme

non je ne suis pas cette idole
d'ébène[13]
humant[14] l'encens[15] profane
qu'on brûle
15   dans les musées de l'exotisme

je ne suis pas ce cannibale
de foire
roulant des prunelles[16] d'ivoire
pour le frisson[17] des gosses[18]

---

[11] cargaison: *cargo*
[12] étouffe = respire avec peine, avec difficulté
[13] ébène: *ebony*
[14] humant = respirant
[15] encens: *incense*
[16] prunelles: *pupils*
[17] frisson: *shiver, shudder*
[18] gosses = petits enfants

si je pousse le cri
qui me brûle la gorge
c'est que mon ventre bout[19]
de la faim de mes frères
et si parfois je hurle[20] ma souffrance   5
c'est que j'ai l'orteil[21] pris
sous la botte des autres

le rossignol[22] chante sur plusieurs notes
finies mes complaintes monocordes !

je ne suis pas l'acteur   10
tout barbouillé[23] de suie[24]
qui sanglote[25] sa peine
bras levés vers le ciel
sous l'œil des caméras[26]

je ne suis pas non plus   15
statue figée du révolté
ou de la damnation
je suis bête vivante
bête de proie[27]
toujours prête à bondir[28]   20

à bondir sur la vie
qui se moque des morts
à bondir sur la joie
qui n'a pas de passeport

---

[19] bout (de bouillir): *boils*
[20] hurle = crie
[21] orteil: *toe*
[22] rossignol: *nightingale*
[23] barbouillé: *smeared*
[24] suie: *soot*
[25] sanglote = pleure, parle avec des sanglots *(sobs)* dans la voix
[26] caméras: *movie cameras*
[27] bête de proie: *predator*
[28] bondir = sauter

à bondir sur l'amour
qui passe devant ma porte

je dirai Beethoven
sourd
au milieu des tumultes
car c'est pour moi
pour moi qui peux mieux le comprendre
qu'il déchaîne[29] ses orages

je chanterai Rimbaud[30]
qui voulut se faire nègre
pour mieux parler aux hommes
le langage des genèses[31]

et je louerai Matisse
et Braque et Picasso[32]
d'avoir su retrouver sous la rigidité
des formes élémentales
le vieux secret des rythmes
qui font chanter la vie

oui j'exalterai l'homme
tous les hommes
j'irai à eux
le cœur plein de chansons
les mains lourdes
d'amitié
car ils sont faits à mon image

---

[29] déchaîne: *unleashes*
[30] Rimbaud, poète français du XIXème siècle (1854–1891)
[31] genèses: *genesis*
[32] Matisse, peintre français (1869–1954); Braque, peintre français (1882–1963); Picasso, peintre espagnol (1881–   )

Exercices

A. *Répondez oralement ou par écrit aux questions suivantes:*

PRIÈRE D'UN PETIT ENFANT NÈGRE

1. Pourquoi l'enfant ne veut-il plus aller à l'école?
2. Que préfère-t-il à la place?
3. A quel moment de la journée fait-on la sieste?
4. Qu'attendez-vous d'un « monsieur comme il faut »?

REDÉCOUVERTE

5. Que trouve le poète à son retour dans son île?
6. Comment savez-vous qu'il pensait à son pays lorsqu'il était absent?

ÎLES

7. Quelle sorte de vie menait-elle, cette « cargaison d'humanité »?
8. A quoi le poète compare-t-il l'île en parlant de « cargaison »?

GHETTO

9. Quelles sont les impressions fausses du noir que rejette le poète?
10. Que veut faire le poète, une fois disparues ces impressions fausses?
11. Quelle évidence voyez-vous chez le poète de la fierté d'être noir?

B. *Sujets de discussion:*

1. Pensez-vous que tout ce que vous apprenez à l'école soit utile?
2. Quelle serait l'éducation idéale, selon vous?

3. Étudiez quelques-unes des impressions (fausses) que vous aviez d'un pays ou d'un peuple.

4. Que savez-vous de Beethoven? de Rimbaud? de Braque? de Matisse? de Picasso? Faites les recherches nécessaires.

C. *Sujets de composition:*

1. Les effets de la nostalgie.

2. Les préjugés.

3. Quelques grands hommes noirs.

4. Le pays de mon rêve.

LÉOPOLD SENGHOR

Son pays:

La république du Sénégal, ancienne colonie française, indépendante depuis 1960.

Sa vie:

Né en 1906, Senghor est à la fois un auteur distingué, un philosophe et un homme politique. Après des études secondaires au Sénégal et de brillantes études universitaires en France, Senghor a représenté son pays dans la métropole. En 1960, Senghor a été élu premier président de la république du Sénégal.

Son œuvre:

Elle est abondante. Senghor, tout comme Césaire, a épousé la cause de la négritude, dont il est l'un des « fondateurs » et représentants principaux. Il a publié cinq recueils de poèmes: *Chants d'Ombre* (1945), *Hosties noires* (1948), *Chants pour Naëtt* (1949), *Éthiopiques* (1956) et *Nocturnes* (1961). En plus, Senghor a édité une anthologie de poésie nègre (1948) et a publié un recueil de ses écrits en prose: *Liberté I, Négritude et Humanisme* (1964).
Nous ne saurions trop insister sur˙ l'importance de cet auteur.

Les trois premiers poèmes sont extraits de *Chants d'Ombre,* le quatrième d'*Éthiopiques.*

Le poète rappelle les douceurs de l'enfance et de la présence de la femme.

NUIT DE SINE[1]

Femme, pose sur mon front tes mains balsamiques, tes
    mains douces plus que fourrure.
Là-haut les palmes balancées qui bruissent[2] dans la
    haute brise nocturne
A peine. Pas même la chanson de nourrice.   5
Qu'il nous berce, le silence rythmé.
Écoutons son chant, écoutons battre notre sang sombre,
    écoutons
Battre le pouls profond de l'Afrique dans la brume des
    villages perdus.   10

Voici que décline la lune lasse vers son lit de mer étale[3]
Voici que s'assoupissent[4] les éclats de rire, que les con-
    teurs eux-mêmes
Dodelinent[5] de la tête comme l'enfant sur le dos de sa
    mère   15
Voici que les pieds des danseurs s'alourdissent,[6] que
    s'alourdit la langue des chœurs alternés.

C'est l'heure des étoiles et de la Nuit qui songe
S'accoude à[7] cette colline de nuages, drapée dans son
    long pagne[8] de lait.   20

---

[1] Sine, région du Sénégal
[2] bruissent = font du bruit
[3] mer étale: *slack water*
[4] s'assoupissent = disparaissent, s'arrêtent peu à peu
[5] dodelinent = balancent doucement
[6] s'alourdissent = deviennent lourds
[7] s'accoude à: *leaning on*
[8] pagne, vêtement que portent les indigènes

Les toits des cases luisent tendrement. Que disent-ils, si confidentiels, aux étoiles ?
Dedans, le foyer s'éteint dans l'intimité d'odeurs âcres et douces.

5   Femme, allume la lampe au beurre clair,[9] que causent autour les Ancêtres comme les parents, les enfants au lit.[10]
Écoutons la voix des Anciens d'Elissa.[11] Comme nous exilés
10   Ils n'ont voulu mourir, que se perdît par les sables[12] leur torrent séminal.
Que j'écoute, dans la case enfumée que visite un reflet d'âmes propices
Ma tête sur ton sein chaud comme un *dang*[13] au sortir
15   du feu et fumant
Que je respire l'odeur de nos Morts, que je recueille et redise leur voix vivante, que j'apprenne à
Vivre avant de descendre, au-delà du plongeur, dans les hautes profondeurs du sommeil.

FEMME NOIRE

20   Femme nue, femme noire
Vêtue de ta couleur qui est vie, de ta forme qui est beauté !
J'ai grandi à ton ombre; la douceur de tes mains bandait[14] mes yeux.

---

[9] beurre clair = huile
[10] que causent... au lit: *so the Ancestors can talk around it as do parents once the children are in bed*
[11] Elissa, région de Guinée portugaise d'où venaient les ancêtres de Senghor
[12] que se perdît par les sables: *lest there be lost in the sand*
[13] *dang,* plat africain semblable au couscous
[14] bandait = recouvrait

Et voilà qu'au cœur de l'Été et de Midi, je te découvre,
Terre promise, du haut d'un col calciné[15]
Et ta beauté me foudroie[16] en plein cœur, comme
l'éclair d'un aigle.

Femme nue, femme obscure   5
Fruit mûr à la chair ferme, sombres extases du vin noir,
bouche qui fais lyrique ma bouche
Savane aux horizons purs, savane qui frémis aux
caresses ferventes du Vent d'Est
Tamtam[17] sculpté, tamtam tendu qui grondes sous les   10
doigts du vainqueur
Ta voix grave de contralto est le chant spirituel de
l'Aimée.

Femme nue, femme obscure
Huile que ne ride nul souffle,[18] huile calme aux flancs   15
de l'athlète, aux flancs des princes du Mali[19]
Gazelle aux attaches célestes,[20] les perles sont étoiles
sur la nuit de ta peau
Délices des jeux de l'esprit, les reflets de l'or rouge sur
ta peau qui se moire   20
A l'ombre de ta chevelure, s'éclaire[21] mon angoisse aux
soleils prochains de tes yeux.[22]

---

[15] calciné = brûlé
[16] foudroie = frappe de foudre
[17] tamtam = tambour que l'on frappe avec la main
[18] que ne ride nul souffle: *unruffled by any breath*
[19] Mali, ancien royaume d'Afrique occidentale
[20] aux attaches célestes: *with limbs formed in heaven*
[21] s'éclaire: *is alleviated*
[22] Les yeux, proches l'un de l'autre (prochains), sont comparés au soleil.

Femme nue, femme noire
Je chante ta beauté qui passe, forme que je fixe dans
l'Éternel
Avant que le Destin jaloux ne te réduise en cendres
5   pour nourrir les racines de la vie.

*Voici que le lieu où se trouve le poète le fait penser, le fait
rêver avec nostalgie à sa souche africaine.*

NEIGE SUR PARIS

Seigneur, vous avez visité Paris par ce jour de votre
naissance
Parce qu'il devenait mesquin et mauvais
Vous l'avez purifié par le froid incorruptible
10   Par la mort blanche.
Ce matin, jusqu'aux cheminées d'usine qui chantent à
l'unisson[1]
Arborant[2] des draps blancs
— « Paix aux Hommes de bonne volonté ! »
15   Seigneur, vous avez proposé la neige de votre Paix au
monde divisé à l'Europe divisée
A l'Espagne déchirée
Et le Rebelle juif et catholique a tiré ses mille quatre
cents canons contre les montagnes de votre Paix.
20   Seigneur, j'ai accepté votre froid blanc qui brûle plus
que le sel.

---

[1] à l'unisson = ensemble, ne faisant qu'un même son
[2] arborant = portant

Voici que mon cœur fond comme neige sous le soleil.

J'oublie

Les mains blanches qui tirèrent les coups de fusils qui
croulèrent[3] les empires

Les mains qui flagellèrent[4] les esclaves, qui vous flagel-   5
lèrent

Les mains blanches poudreuses qui vous giflèrent,[5] les
mains peintes poudrées qui m'ont giflé

Les mains sûres qui m'ont livré à la solitude à la haine

Les mains blanches qui abattirent la forêt de rôniers[6]   10
qui dominait l'Afrique, au centre de l'Afrique

Droits et durs, les Saras[7] beaux comme les premiers
hommes qui sortirent de vos mains brunes.

Elles abattirent la forêt noire pour en faire des traverses
de chemin de fer   15

Elles abattirent les forêts d'Afrique pour sauver la
Civilisation, parce qu'on manquait de matière première[8] humaine.

Seigneur, je ne sortirai pas ma réserve de haine, je le
sais, pour les diplomates qui montrent leurs canines[9]   20
longues

Et qui demain troqueront[10] la chair noire.

Mon cœur, Seigneur, s'est fondu comme neige sur les
toits de Paris

Au soleil de votre douceur.   25

Il est doux à mes ennemis, à mes frères aux mains
blanches sans neige

A cause aussi des mains de rosée, le soir, le long de mes
joues brûlantes.

---

[3] croulèrent = réduirent à rien
[4] flagellèrent = fouettèrent
[5] giflèrent = frappèrent sur la joue avec la main ouverte
[6] rôniers: *palm trees*
[7] les Saras, tribu (*tribe*) du Tchad, république de l'Afrique centrale
[8] matière première: *raw material*
[9] canines, nom de dents
[10] troqueront = vendront

Le poète s'adapte difficilement au nouveau rythme de vie dans la grande ville américaine.

A NEW YORK

(POUR UN ORCHESTRE DE JAZZ : SOLO DE TROMPETTE)

I

New York ! D'abord j'ai été confondu par ta beauté,
ces grandes filles d'or aux jambes longues.
Si timide d'abord devant tes yeux de métal bleu, ton
sourire de givre[1]
5   Si timide. Et l'angoisse au fond des rues à gratte-ciel[2]
Levant des yeux de chouette[3] parmi l'éclipse du soleil.
Sulfureuse ta lumière et les fûts[4] livides, dont les têtes
foudroient[5] le ciel
Les gratte-ciel qui défient les cyclones sur leurs muscles
10 d'acier et leur peau patinée[6] de pierres.
Mais quinze jours sur les trottoirs chauves de
Manhattan
— C'est au bout de la troisième semaine que vous saisit
la fièvre en un bond de jaguar
15 Quinze jours sans un puits ni pâturage, tous les oiseaux
de l'air
Tombant soudain et morts sous les hautes cendres des
terrasses.

---

[1] givre: *frost*
[2] gratte-ciel: *skyscraper*
[3] chouette: *barn-owl*
[4] fûts: *shafts*
[5] foudroient = frappent de foudre
[6] patinée: *weathered*

Pas un rire d'enfant en fleur, sa main dans ma main fraîche

Pas un sein[7] maternel, des jambes de nylon. Des jambes et des seins sans sueur ni odeur.

Pas un mot tendre en l'absence de lèvres, rien que[8] des cœurs artificiels payés en monnaie forte[9]   5

Et pas un livre où lire la sagesse. La palette du peintre fleurit des cristaux de corail.

Nuits d'insomnie ô nuits de Manhattan ! si agitées de feux follets,[10] tandis que les klaxons hurlent des heures vides   10

Et que les eaux obscures charrient[11] des amours hygiéniques, tels des fleuves en crue[12] des cadavres d'enfants.

II

Voici le temps des signes et des comptes   15

New York ! or voici le temps de la manne et de l'hysope.[13]

Il n'est que d'écouter[14] les trombones de Dieu, ton cœur battre au rythme du sang ton sang.

J'ai vu dans Harlem bourdonnant de bruits de couleurs solennelles et d'odeurs flamboyantes   20

— C'est l'heure du thé chez le livreur-en-produits-pharmaceutiques

J'ai vu se préparer la fête de la Nuit à la fuite du jour.[15]

Je proclame la Nuit plus véridique que le jour.   25

---

7 sein: *breast*

8 rien que = seulement

9 payés en monnaie forte: *paid for in hard cash*

10 feux follets: *will-o'-the-wisp; here, flashing lights*

11 charrient = emportent

12 fleuves en crue = fleuves gonflés par les eaux

13 plantes citées souvent dans la Bible

14 il n'est que d'écouter: *one has only to listen to*

15 à la fuite du jour = à la fin du jour

C'est l'heure pure où dans les rues, Dieu fait germer la
vie d'avant mémoire
Tous les éléments amphibies rayonnants comme des
soleils.
5 Harlem Harlem ! voici ce que j'ai vu Harlem Harlem !
Une brise verte de blés sourdre[16] des pavés labourés
par les pieds nus de danseurs Dans.[17]
Croupes[18] ondes de soie et seins de fers de lance, ballets
de nénuphars et de masques fabuleux
10 Aux pieds des chevaux de police, les mangues de
l'amour rouler des maisons basses.
Et j'ai vu le long des trottoirs, des ruisseaux de rhum
blanc des ruisseaux de lait noir dans le brouillard
bleu des cigares.
15 J'ai vu le ciel neiger au soir des fleurs de coton et des
ailes de séraphins et des panaches de sorciers.
Écoute New York ! ô écoute ta voix mâle de cuivre ta
voix vibrante de hautbois, l'angoisse bouchée[19] de tes
larmes tomber en gros caillots[20] de sang
20 Écoute au loin battre ton cœur nocturne, rythme et sang
du tam-tam, tam-tam sang et tam-tam.

III

New York ! je dis New York, laisse affluer le sang noir
dans ton sang
Qu'il dérouille[21] tes articulations d'acier, comme une
25 huile de vie
Qu'il donne à tes ponts la courbe des croupes et la
souplesse des lianes.

---

[16] sourdre = venir, surgir
[17] Dans, nom des danseurs
[18] croupes = derrières
[19] bouchée: *choked*
[20] caillots: *clots*
[21] dérouille = enlève la rouille (*rust*)

Voici revenir les temps très anciens, l'unité retrouvée
la réconciliation du Lion du Taureau et de l'Arbre
L'idée liée à l'acte l'oreille au cœur le signe au sens.
Voilà tes fleuves bruissants de caïmans[22] musqués et de
lamantins[23] aux yeux de mirages. Et nul besoin   5
d'inventer les Sirènes.
Mais il suffit d'ouvrir les yeux à l'arc-en-ciel d'Avril
Et les oreilles, surtout les oreilles à Dieu qui d'un rire
de saxophone créa le ciel et la terre en six jours.
Et le septième jour, il dormit du grand sommeil nègre.   10

Exercices

A. Répondez oralement ou par écrit aux questions suivantes:

NUIT DE SINE

1. Quel est l'effet de la femme sur le poète?
2. Quel chant écoute-t-il dans ce silence profond?
3. Quelles sont les images de la tranquillité et du silence
   nocturne?
4. Le poète, que voulait-il faire dans sa case?

FEMME NOIRE

5. A quels objets le poète compare-t-il la femme?
6. Que veut dire le poète lorsqu'il dit: « Vêtue de ta
   couleur qui est vie, de ta forme qui est beauté »?
7. Pourquoi le poète parle-t-il de « Destin jaloux »?
8. Quelle est l'attitude du poète à l'égard de la nudité de la
   femme?

---

[22] caïmans = crocodiles
[23] lamantins: *sea-cows*

9. De quel jour s'agit-il au début du poème?

10. Quelle impression la neige sur Paris donne-t-elle?

11. A qui appartenaient les mains blanches dont parle le poète?

12. Dans quel but abattait-on l'Afrique?

13. Pourquoi le poète ne ressent-il pas de haine envers ses ennemis?

A NEW YORK

14. Qui sont ces grandes filles d'or aux jambes longues?

15. Qu'est-ce que c'est qu'un gratte-ciel?

16. De quoi le poète se rend-il compte après deux semaines?

17. Le poète, que regrette-t-il?

18. Pourquoi parle-t-il de « jambes de nylon »?

19. Pourquoi les cœurs semblent-ils artificiels?

20. Qu'est-ce qui caractérise la nuit de Manhattan?

21. Qu'est-ce qui caractérise la nuit de Harlem?

22. Le poète, que propose-t-il à New York?

B. *Sujets de discussion:*

NUIT DE SINE

1. Discutez comment le poète manie les sons pour produire un effet de douceur et d'assoupissement.

2. Cherchez les allitérations. Commentez leur effet.

FEMME NOIRE

3. Discutez l'emploi des images. Connaissez-vous d'autres exemples semblables?

4. Expliquez « ...pour nourrir les racines de la vie. »

NEIGE SUR PARIS

5. Par quel temps le poète écrit-il? Comment le savez-vous?

6. Décrivez votre impression devant une ville nouvelle.
7. Comparez la vie à la campagne avec la vie urbaine.
8. Étudiez, en lisant à haute voix, la musicalité de la fin de la deuxième partie: « Harlem Harlem!... tam-tam sang et tam-tam ».

C. Sujets de composition:

1. La femme idéale.
2. L'homme idéal.
3. Une première visite à l'étranger.
4. Décrivez l'effet que produit sur vous le changement des saisons.

CAMARA LAYE

Son pays:

La Guinée, république d'Afrique occidentale, ancienne colonie française, indépendante depuis 1958.

Sa vie:

Né en 1928, Camara Laye a passé sa jeunesse en Guinée, y subissant de profondes influences familiales. Une bourse lui a permis d'aller en France, où il a fini par obtenir le diplôme d'ingénieur. De retour en Guinée, il s'est mis au service de son gouvernement.

Son œuvre:

Dépaysé et parfois découragé lors de son séjour à Paris, Camara Laye commença à revivre, en écrivant, ses souvenirs d'enfance. Ainsi est né *L'Enfant noir*, publié en 1953. Laye a aussi publié *Le Regard du roi* (1954) et *Dramouss* (1966).

Le passage qui suit est de *L'Enfant noir*, roman autobiographique.

LE SERPENT
DE MON PÈRE

L'enfant s'étonne devant la visite d'un serpent qui va jouer un rôle important dans la vie de son père.

Depuis qu'on m'avait défendu de jouer avec les serpents, sitôt que[1] j'en apercevais un, j'accourais chez ma mère.

— Il y a un serpent! criais-je.

— Encore un! s'écriait ma mère.   5

Et elle venait voir quelle sorte de serpent c'était.

Si c'était un serpent comme tous les serpents — en fait, ils différaient fort![2] — elle le tuait aussitôt à coups de bâton, et elle s'acharnait,[3] comme toutes les femmes de chez nous, jusqu'à le réduire en bouillie,[4] tandis que les hommes, eux, se contentent 10 d'un coup sec, nettement assené.[5]

Un jour pourtant, je remarquai un petit serpent noir au corps particulièrement brillant, qui se dirigeait sans hâte vers l'atelier.[6] Je courus avertir[7] ma mère, comme j'en avais pris l'habitude; mais ma mère n'eut pas plus tôt aperçu[8] le serpent noir qu'elle me 15 dit gravement:

— Celui-ci, mon enfant, il ne faut pas le tuer : ce serpent n'est pas un serpent comme les autres, il ne te fera aucun mal; néanmoins ne contrarie jamais sa course.

---

[1] sitôt que = dès que
[2] fort = beaucoup
[3] s'acharnait = s'attachait avec ténacité
[4] réduire en bouillie: *beat to a pulp*
[5] assené = porté, frappé
[6] atelier: *workshop, smithy*
[7] avertir = informer
[8] n'eut pas plus tôt aperçu: *had no sooner seen*

Personne, dans notre concession,[9] n'ignorait que ce serpent-là, on ne devait pas le tuer, sauf[10] moi, sauf mes petits compagnons de jeu, je présume, qui étions encore des enfants naïfs.

— Ce serpent, ajouta ma mère, est le génie de ton père.

5   Je considérai le petit serpent avec ébahissement.[11] Il poursuivait sa route vers l'atelier; il avançait gracieusement, très sûr de lui, eût-on dit,[12] et comme conscient de son immunité ; son corps éclatant et noir étincelait dans la lumière crue.[13] Quand il fut parvenu[14] à l'atelier, j'avisai[15] pour la première fois qu'il y avait
10   là, ménagé au ras du sol, un trou dans la paroi.[16]

Le serpent disparut par ce trou.

— Tu vois : le serpent va faire visite à ton père, dit encore ma mère.

Bien que le merveilleux me fût familier, je demeurai muet
15   tant mon étonnement était grand. Qu'est-ce qu'un serpent avait à faire avec mon père? Et pourquoi ce serpent-là précisément? On ne le tuait pas, parce qu'il était le génie de mon père! Du moins était-ce la raison que ma mère donnait. Mais au juste qu'était-ce qu'un génie? Qu'étaient ces génies que je rencontrais un peu
20   partout, qui défendaient telle chose, commandaient telle autre? Je ne me l'expliquais pas clairement, encore que[17] je n'eusse cessé[18] de croître dans leur intimité. Il y avait de bons génies, et il y en avait de mauvais ; et plus de mauvais que de bons, il me semble. Et d'abord qu'est-ce qui me prouvait que ce serpent était
25   inoffensif? C'était un serpent comme les autres ; un serpent noir, sans doute, et assurément un serpent d'un éclat extraordinaire ; un serpent tout de même! J'étais dans une absolue perplexité, pourtant je ne demandai rien à ma mère : je pensais qu'il me

---

9 concession: *household area*
10 sauf = excepté
11 ébahissement = grand étonnement
12 eût-on dit: *one might say*
13 crue = intense, brutale
14 parvenu = arrivé
15 j'avisai = je m'aperçus
16 paroi = muraille (mur)
17 encore que = quoique, bien que
18 Notez que cesser se construit quelquefois au négatif sans pas.

fallait interroger directement mon père ; oui, comme si ce mystère eût été une affaire à débattre entre hommes uniquement, une affaire et un mystère qui ne regardent pas les femmes ; et je décidai d'attendre la nuit.

Sitôt après le repas du soir, quand, les palabres[19] terminées, mon père eut pris congé de[20] ses amis et se fut retiré sous la véranda de sa case, je me rendis près de lui. Je commençai par le questionner à tort et à travers,[21] comme font les enfants, et sur tous les sujets qui s'offraient à mon esprit ; dans le fait, je n'agissais pas autrement que les autres soirs ; mais, ce soir-là, je le faisais pour dissimuler[22] ce qui m'occupait, cherchant l'instant favorable où, mine de rien,[23] je poserais la question qui me tenait si fort à cœur,[24] depuis que j'avais vu le serpent noir se diriger vers l'atelier.

Et tout à coup, n'y tenant plus, je dis :

— Père, quel est ce petit serpent qui te fait visite?

— De quel serpent parles-tu?

— Eh bien! du petit serpent noir que ma mère me défend de tuer.

— Ah! fit-il.[25]

Il me regarda un long moment. Il paraissait hésiter à me répondre. Sans doute pensait-il à mon âge, sans doute se demandait-il s'il n'était pas un peu tôt pour confier ce secret à un enfant de douze ans. Puis subitement[26] il se décida.

— Ce serpent, dit-il, est le génie de notre race. Comprends-tu?

— Oui, dis-je, bien que je ne comprisse pas très bien.

— Ce serpent, poursuivit-il, est toujours présent ; toujours il apparaît à l'un de nous. Dans notre génération, c'est à moi qu'il s'est présenté.

---

[19] palabres = discussions
[20] eut pris congé de = eut quitté
[21] à tort et à travers: *at random*
[22] dissimuler = cacher
[23] mine de rien = faisant semblant de le faire par hasard
[24] qui me tenait si fort à cœur = qui m'intriguait tant
[25] fit-il = dit-il
[26] subitement = soudain

— Oui, dis-je.

Et je l'avais dit avec force, car il me paraissait évident que le serpent n'avait pu se présenter qu'à mon père. N'était-ce pas mon père qui était le chef de la concession? N'était-ce pas lui 5 qui commandait tous les forgerons[27] de la région? N'était-il pas le plus habile? Enfin n'était-il pas mon père?

— Comment s'est-il présenté? dis-je.

— Il s'est d'abord présenté sous forme de rêve. Plusieurs fois, il m'est apparu et il me disait le jour où il se présenterait 10 réellement à moi, il précisait l'heure et l'endroit. Mais moi, la première fois que je le vis réellement, je pris peur. Je le tenais pour un serpent comme les autres et je dus me contenir pour ne pas le tuer. Quand il s'aperçut que je ne lui faisais aucun accueil,[28] il se détourna et repartit par où il était venu. Et moi, je le re- 15 gardais s'en aller, et je continuais de me demander si je n'aurais pas dû bonnement[29] le tuer, mais une force plus puissante que ma volonté me retenait et m'empêchait de le poursuivre. Je le regardai disparaître. Et même à ce moment, à ce moment encore, j'aurais pu facilement le rattraper : il eût suffi de quelques en- 20 jambées;[30] mais une sorte de paralysie m'immobilisait. Telle fut ma première rencontre avec le petit serpent noir.

Il se tut[31] un moment, puis reprit :

— La nuit suivante, je revis le serpent en rêve. « Je suis venu comme je t'en avais averti, dit-il, et toi, tu ne m'as fait nul 25 accueil ; et même je te voyais sur le point de me faire mauvais accueil : je lisais dans tes yeux. Pourquoi me repousses-tu? Je suis le génie de ta race, et c'est en tant que génie de ta race que je me présente à toi comme au plus digne. Cesse donc de me craindre et prends garde de me repousser, car je t'apporte le succès. » Dès 30 lors, j'accueillis le serpent quand, pour la seconde fois, il se présenta ; je l'accueillis sans crainte, je l'accueillis avec amitié, et lui ne me fit jamais que du bien.

---

[27] forgerons: *blacksmiths*
[28] accueil: *welcome*
[29] bonnement = simplement
[30] enjambées = grands pas
[31] se tut: 3ème pers. sing. du passé simple de se taire

Mon père se tut encore un moment, puis il dit :

— Tu vois bien toi-même que je ne suis pas plus capable qu'un autre, que je n'ai rien de plus que les autres, et même que j'ai moins que les autres puisque je donne tout, puisque je donnerais jusqu'à ma dernière chemise. Pourtant je suis plus connu que les autres, et mon nom est dans toutes les bouches, et c'est moi qui règne sur tous les forgerons des cinq cantons du cercle.[32] S'il en est ainsi, c'est par la grâce seule de ce serpent, génie de notre race. C'est à ce serpent que je dois tout, et c'est lui aussi qui m'avertit de tout. Ainsi je ne m'étonne point, à mon réveil,[33] de voir tel ou tel m'attendant devant l'atelier : je sais que tel ou tel sera là. Je ne m'étonne pas davantage[34] de voir se produire telle panne[35] de moto[36] ou de vélo,[37] ou tel accident d'horlogerie:[38] d'avance je savais ce qui surviendrait.[39] Tout m'a été dicté au cours de la nuit et, par la même occasion, tout le travail que j'aurai à faire, si bien que, d'emblée;[40] sans avoir à y réfléchir, je sais comment je remédierai à ce qu'on me présente ; et c'est cela qui a établi ma renommée d'artisan. Mais, dis-le-toi bien, tout cela je le dois au serpent, je le dois au génie de notre race.

Il se tut, et je sus alors pourquoi, quand mon père revenait de promenade et entrait dans l'atelier, il pouvait dire aux apprentis : « En mon absence, un tel ou un tel est venu, il était vêtu de telle façon, il venait de tel endroit et il apportait tel travail. » Et tous s'émerveillaient fort de cet étrange savoir. A présent, je comprenais d'où mon père tirait sa connaissance des événements. Quand je relevai les yeux, je vis que mon père m'observait.

— Je t'ai dit tout cela, petit, parce que tu es mon fils, l'aîné de mes fils, et que je n'ai rien à te cacher. Il y a une manière de

---

[32] cercle, division administrative
[33] à mon réveil = quand je me réveille
[34] davantage = non plus
[35] panne: *breakdown*
[36] moto = motocyclette
[37] vélo = bicyclette
[38] horlogerie: *clockwork*
[39] surviendrait = se passerait, arriverait
[40] d'emblée = tout de suite, sans difficulté

conduite à tenir et certaines façons d'agir, pour qu'un jour le génie de notre race se dirige vers toi aussi. J'étais, moi, dans cette ligne de conduite qui détermine notre génie à nous visiter ; oh! inconsciemment peut-être, mais toujours est-il que si tu veux que
5 le génie de notre race te visite un jour, si tu veux en hériter à ton tour, il faudra que tu adoptes ce même comportement;[41] il faudra désormais[42] que tu me fréquentes davantage.

Il me regardait avec passion et, brusquement, il soupira.[43]

— J'ai peur, j'ai bien peur, petit, que tu ne me fréquentes
10 jamais assez. Tu vas à l'école et, un jour, tu quitteras cette école pour une plus grande. Tu me quitteras, petit...

Et de nouveau il soupira. Je voyais qu'il avait le cœur lourd. La lampe-tempête, suspendue à la véranda, l'éclairait crûment.[44] Il me parut soudain comme vieilli.

15 — Père! m'écriai-je.

— Fils..., dit-il à mi-voix.

Et je ne savais plus si je devais continuer d'aller à l'école ou si je devais demeurer dans l'atelier : j'étais dans un trouble inexprimable.

20 — Va, maintenant, dit mon père.

Je me levai et me dirigeai vers la case[45] de ma mère. La nuit scintillait[46] d'étoiles, la nuit était un champ d'étoiles ; un hibou[47] ululait, tout proche. Ah! où était ma voie? Savais-je encore où était ma voie? Mon désarroi[48] était à l'image du ciel : sans
25 limites ; mais ce ciel, hélas! était sans étoiles... J'entrai dans la case de ma mère, qui était alors la mienne, et me couchai aussitôt. Le sommeil pourtant me fuyait, et je m'agitais sur ma couche.

— Qu'as-tu? dit ma mère.

30 — Rien, dis-je.

---

[41] comportement = manière de se conduire
[42] désormais = à partir de maintenant
[43] soupira: *sighed*
[44] crûment = avec intensité
[45] case: *hut*
[46] scintillait = brillait
[47] hibou: *owl*
[48] désarroi = confusion, détresse

Non, je n'avais rien que je pusse communiquer.

— Pourquoi ne dors-tu pas? reprit[49] ma mère.

— Je ne sais pas.

— Dors! dit-elle.

— Oui, dis-je.

— Le sommeil... Rien ne résiste au sommeil, dit-elle tristement.

Pourquoi, elle aussi, paraissait-elle triste? Avait-elle senti mon désarroi? Elle ressentait fortement tout ce qui m'agitait. Je cherchai le sommeil, mais j'eus beau fermer[50] les yeux et me contraindre[51] à l'immobilité, l'image de mon père sous la lampe-tempête ne me quittait pas : mon père qui m'avait paru brusquement si vieilli, lui qui était si jeune, si alerte, plus jeune et plus vif que nous tous et qui ne se laissait distancer par personne à la course, qui avait des jambes plus rapides que nos jeunes jambes... « Père!... Père!... me répétais-je. Père, que dois-je faire pour bien faire?... » Et je pleurais silencieusement, je m'endormis en pleurant.

Par la suite, il ne fut plus question entre nous du petit serpent noir: mon père m'en avait parlé pour la première et la dernière fois. Mais, dès lors, sitôt que j'apercevais le petit serpent, je courais m'asseoir dans l'atelier. Je regardais le serpent se glisser par le trou de la paroi. Comme averti de sa présence, mon père à l'instant tournait le regard vers la paroi et souriait. Le serpent se dirigeait droit sur lui en ouvrant la gueule[52] Quand il était à portée,[53] mon père le caressait avec la main, et le serpent acceptait sa caresse par un frémissement[54] de tout le corps ; jamais je ne vis le petit serpent tenter de lui faire le moindre mal. Cette caresse et le frémissement qui y répondait — mais je devrais dire : cette caresse qui appelait et le frémissement qui y répondait — me jetaient chaque fois dans une inexprimable confusion : je pensais

---

[49] reprit = ajouta, continua
[50] j'eus beau fermer = je fermai en vain
[51] me contraindre à = m'imposer
[52] gueule = bouche
[53] à portée: *within reach*
[54] frémissement: *shudder*

à je ne sais quelle mystérieuse conversation ; la main interrogeait, le frémissement répondait...

Oui, c'était comme une conversation. Est-ce que moi aussi, un jour, je converserais de cette sorte? Mais non : je continuais
5 d'aller à l'école! Pourtant j'aurais voulu, j'aurais tant voulu poser à mon tour ma main sur le serpent, comprendre, écouter à mon tour ce frémissement, mais j'ignorais comment le serpent eût[55] accueilli ma main et je ne pensais pas qu'il eût maintenant rien à me confier, je craignais bien qu'il n'eût rien à me confier
10 jamais...

Quand mon père jugeait qu'il avait assez caressé le petit animal, il le laissait ; le serpent alors se lovait[56] sous un des bords de la peau de mouton sur laquelle mon père était assis, face à son enclume.[57]

Exercices

A. Répondez oralement ou par écrit aux questions suivantes:

1. Que faisait-on, généralement, des serpents?

2. Quelle différence voyez-vous entre la façon masculine et la façon féminine de disposer des serpents?

3. Pourquoi n'a-t-on pas tué le serpent qui rendait visite au père?

4. Où le serpent se réfugiait-il?

5. Pourquoi l'enfant n'a-t-il rien demandé à sa mère?

6. Comment le père a-t-il connu l'existence du serpent?

7. Quelle faute le père a-t-il failli commettre?

---

[55] eût: *would have*
[56] se lovait = s'enroulait en spirale
[57] enclume: *anvil*

8. Que doit le père au serpent?
9. Quelles sont les intentions du père à l'égard de son fils?
10. Quel effet produit sur l'enfant la conversation avec son père?
11. Que faisait le serpent pendant sa visite?
12. De quoi l'enfant a-t-il peur à la fin?

B. Sujets de discussion:

1. Connaissez-vous d'autres histoires de serpents?
2. Discutez la raison pour laquelle beaucoup de personnes ont horreur des serpents.
3. Discutez l'admiration qu'ont les enfants pour leurs parents.
4. Quel est votre animal préféré? Pourquoi?

C. Sujets de composition:

1. L'intelligence chez les animaux.
2. Le père idéal.

BERNARD
DADIÉ

Son pays:

La Côte-d'Ivoire, ancienne colonie française d'Afrique occidentale, république indépendante depuis 1960.

Sa vie:

Né en 1916, Dadié a fait ses études en Côte-d'Ivoire et au Sénégal, où il a travaillé pendant plusieurs années à l'Institut Français d'Afrique Noire. De retour en Côte-d'Ivoire, il poursuit son travail au service de son gouvernement.

Son œuvre:

S'intéressant beaucoup aux légendes africaines, Dadié a aussi publié des poèmes et des romans. Son œuvre principale se constitue de *Afrique debout* (poèmes, 1950), *Légendes Africaines* (1953), *Le Pagne noir* (1955), *La Ronde des jours* (poèmes, 1956), *Climbié* (roman, 1956) et *Un Nègre à Paris* (roman, 1959).

Les sélections en prose sont du roman autobiographique *Climbié*. Les poèmes « Fidélité à l'Afrique » et « Il n'y a personne? » sont extraits de *Afrique debout,* et « Sèche tes pleurs! » de *La Ronde des jours.*

FIDÉLITÉ
A L'AFRIQUE

Afrique des tam-tams[1]
Afrique des jeunes filles rieuses sur le sentier des rivières,
Je te demeure fidèle.

Afrique des paysans joyeux travaillant à l'unisson,[2]
Afrique du diamant et de l'or,   5
Afrique des nuits sereines pleines de chansons,

    Afrique de l'hospitalité
       Je te demeure fidèle.

       Par l'étuve[3]
       Par la vermine   10
       Par les ténèbres de leurs prisons,
       Les rois du pétrole et du fer
       Les princes du diamant et de l'or
       Les barons du bois et du caoutchouc
       Armés du code[4] et de la schlague[5]   15
          Veulent me dompter
          Étouffer ma voix
    Pour que je cesse de crier à leurs oreilles
       Mon droit à la vie,
       Mon droit à la liberté,   20
       Mais je te demeure fidèle.

---

[1] tam-tams, tambours que l'on frappe avec la main
[2] à l'unisson = ensemble, avec harmonie
[3] étuve: *heat*
[4] code: *laws*
[5] schlague, punition militaire à coups de baguette

Ils sont encore sur la brèche,[6]
Nos morts.
Morts des chantiers de billes[7]
Morts des plantations
5 Morts des placers...[8]
Ils sont sans sépulture
Les pionniers de l'Afrique de demain,
Ils sont dans les fosses communes
Couchés pêle-mêle,[9]
10 Nos martyrs.
Aussi,

Sur les places publiques,
A la barre des tribunaux,[10]
Sur le sol nu des prisons humides,
15 Partout,
Je leur dirai leur fait à nos tortionnaires[11]
Et même si dans leur fureur
Ils me tranchent[12] la tête
Mon sang
20 Pour qu'ils le lisent
Toujours
Dans le ciel
Écrira
« Fidélité à l'Afrique ».

---

[6] ils sont encore sur la brèche = ils combattent toujours
[7] chantiers de billes = endroits où l'on coupe les billes *(logs)*
[8] placers = mines, gisements *(deposits)* d'or, etc.
[9] pêle-mêle = en désordre
[10] tribunaux: *courts*
[11] tortionnaires = ceux qui torturent
[12] tranchent = coupent

IL N'Y A PERSONNE?

Afrique ! Afrique de la reconquête des libertés.
    Il n'y a personne en Afrique.

Les steppes et les forêts bruissent[1]
    Et il n'y a personne.

Les scribes tapent,[2] écrivent, se démènent[3] avec mille   5
    bruits
    Et il n'y a personne.

Les bonnes essuient,[4] nettoient
    Et il n'y a personne.

Les tirailleurs[5] par les grands boulevards, vont chantant   10
    Et il n'y a personne.

Dockers, peintres, chauffeurs, maçons
Tous ouvriers de la peine,
D'ombre habillés et de toisons[6] de jais[7] coiffés
        Triment[8]
Et quand l'homme blanc vient, embrassant la foule   15
    d'un regard de dieu,
A la tourbe[9] d'esclaves soumis pose l'éternelle
    question :
        — Il n'y a personne ?   20
        — C'est-à-dire ?
        — Un Blanc !

---

[1] bruissent = font un bruit confus
[2] tapent = écrivent à la machine
[3] se démènent = s'agitent
[4] essuient: *wipe*
[5] tirailleurs: *riflemen*
[6] toisons = cheveux
[7] jais: *jet*
[8] triment = travaillent dur
[9] tourbe = foule, populace

Afrique ! Afrique de la reconquête des libertés,
    Afrique du Nègre,
Il n'y a personne en Afrique !
Car le nègre ployant[10] sous le joug[11] des maîtres du
5   cuivre[12] et des épices,
    Est-il encore une personne ?

SÈCHE TES PLEURS!

Sèche tes pleurs, Afrique !
Tes enfants te reviennent
dans l'orage et la tempête des voyages infructueux.[13]

10   Sur le ris[14] de l'onde et le babil[15] de la brise,
Sur l'or des levants[16]
Et la pourpre des couchants[17]
des cimes[18] des monts orgueilleux
et des savanes abreuvées[19] de lumière,
15   Ils te reviennent
dans l'orage et la tempête des voyages infructueux.

---

[10] ployant = se courbant
[11] joug: *yoke*
[12] cuivre: *copper*
[13] infructueux = sans fruit, sans succès
[14] ris = bruit que fait l'onde
[15] babil = bruit que fait la brise
[16] levants = Orient (où se lève le soleil)
[17] couchants = Occident (où se couche le soleil)
[18] cimes = sommets
[19] abreuvées = baignées, inondées

Sèche tes pleurs, Afrique !
Ayant bu
A toutes les fontaines
    d'infortune
    et de gloire,   5
Nos sens se sont ouverts
à la splendeur de ta beauté
à la senteur de tes forêts,
à l'enchantement de tes eaux
à la limpidité de ton ciel   10
à la caresse de ton soleil
Et au charme de ta verdure[20] emperlée de rosée.[21]

        Sèche tes pleurs, Afrique !
Tes enfants te reviennent
Les mains pleines de jouets   15
Et le cœur plein d'amour.
Ils reviennent te vêtir[22]
de leurs rêves et de leurs espoirs.

---

[20] verdure = herbe et feuillage verts
[21] rosée: *dew*
[22] vêtir = habiller

LE SYMBOLE

Climbié raconte un épisode de sa vie scolaire. Encore une fois, il s'agit d'une tentative pour étouffer ce qu'il y avait de naturel chez les indigènes.

Climbié, chaque jour un peu plus, oublie ses sources, sa rizière,[1] la chasse passionnante aux oiseaux, aux insectes, aux papillons. Ses devoirs, ses livres les ont supplantés.[2] Avoir une bonne note, une bonne place, tels sont maintenant ses principaux
5 soucis. Aucun autre sujet grave n'effleure[3] Climbié qui a de la vie, l'insouciance, l'opulence, la superbe générosité et les belles couleurs. Il rit avec joie, joue avec plénitude, dort avec plaisir, va et vient avec assurance.

Autour de Climbié, porteur du « Symbole », des élèves daho-
10 méens[4] mêlés à leurs camarades éburnéens,[5] chantent en remuant les épaules :

> *« Tu parles Agni,[6] je te donne le symbole,*
> *Ah ! Ah! je te donne le symbole.*
> *Tu parles Agni, je te donne le symbole,*
15 > *Ah ! Ah ! je te donne le symbole. »*

Et tous, les uns avec des cerceaux,[7] des sacs en bandoulière,[8] les autres, les livres en mains, allant, venant, tournant autour de lui, cornent[9] aux oreilles :

> *« Tu parles Baoulé,[6] je te donne le symbole,*
20 > *Ah ! Ah ! je te donne le symbole. »*
Debout sur le seuil, le Directeur sourit.

---

[1] rizière = champ de riz
[2] supplantés = remplacés
[3] effleure = touche (à peine)
[4] dahoméens = qui viennent du Dahomey (république d'Afrique occidentale)
[5] éburnéens = qui sont de la Côte-d'Ivoire
[6] Agni, Baoulé et N'zima sont des dialectes locaux.
[7] cerceaux: *hoops*
[8] en bandoulière: *slung over the shoulder*
[9] cornent = crient

C'est la sortie de l'école. Et hors de l'enceinte[10] scolaire chacun peut parler son dialecte. Mais Climbié pour avoir parlé N'zima,[6] dans l'école même, se trouve porteur du symbole. Il ne peut se fâcher, les élèves qui le chahutent[11] sont trop nombreux. Ses amis ne s'en mêlent pas, mais les plus agressifs sont bien ceux à qui il l'a plusieurs fois refilé.[12] Alors il les regarde danser autour de lui, s'éloigner un à un, prendre chacun la route de la maison.

Ce petit cube pèse si lourd, si lourd, qu'il l'oblige à traîner le pas.[13] Les enfants s'en vont par bandes joyeuses, bruyantes[14] et querelleuses. A leur approche, les cyclistes et les automobilistes sonnent et cornent[15] sans relâche.[16]

Climbié rentre seul chez lui, abandonné par ses propres amis effrayés par la présence du symbole qu'il a en poche, parmi les billes et les toupies.

Ce midi-là, il ne mange pas, tellement il est pressé de se débarrasser de ce petit cube... S'il n'y réussit avant la sortie du soir, il restera à nettoyer la cour, à balayer seul toutes les salles de classe. Et le symbole est au fond de sa poche.

Climbié marche, la tête pleine d'idées, cherchant le moyen de se débarrasser au plus tôt de ce petit cube, si lourd parce qu'il est le symbole même de l'enseignement dispensé.

Le symbole ! Vous ne savez pas ce que c'est ! Vous en avez de la chance. C'est un cauchemar![17] Il empêche de rire, de vivre dans l'école, car toujours on pense à lui. On ne cherche, on ne guette que le porteur du symbole. Où est-il ? N'est-il pas chez celui-là ? Chez cet autre ? Le symbole semble être sous le pagne,[18] dans la poche de chaque élève. L'on se regarde avec des yeux soupçonneux. Le symbole a empoisonné le milieu, vicié[19] l'air, gelé les cœurs ! Vous ne savez pas ce que c'est, ni quelle en est la cause ?

---

[10] enceinte, espace clos
[11] chahutent = se moquent de
[12] refilé = donné, passé
[13] traîner le pas = marcher lentement
[14] bruyantes = qui font du bruit
[15] cornent = klaxonnent
[16] sans relâche = sans cesse
[17] cauchemar = mauvais rêve
[18] pagne, vêtement local
[19] vicié = corrumpu

Écoutez : les Inspecteurs au cours de leurs multiples visites dans les écoles, ont souvent repéré[20] les « ânes » ne portant point bonnet et constaté les attitudes par trop cavalières[21] des élèves à l'égard de la langue de Vaugelas.[22] Rien n'est aussi douloureux
5 que d'entendre mal parler une langue maternelle, une langue qu'on entend, qu'on apprend dès le berceau,[23] une langue supérieure à toutes les autres, une langue qui est un peu soi-même, une langue toute chargée d'histoire et qui, à elle seule, pour un peuple atteste son existence. A l'école, dans les rues, dans les
10 casernes,[24] dans les magasins, c'est le même massacre de la langue française. Cela devient un supplice[25] intolérable. Il faut donc prendre le mal à son origine. Les nombreux rapports d'inspection avaient déjà souligné les déficiences de l'enseignement du français dans les écoles primaires, les élèves ayant la fâcheuse tendance
15 de toujours se parler en dialecte, plutôt qu'en français.

Vraiment le sabotage collectif de la langue française est quelque chose de terrible. Partout l'on entend « baragouiner »[26] une langue aussi subtile, aérienne, féminine, une langue qui ressemble à du duvet[27] allant au gré[28] de la brise, lorsqu'une amie vous
20 la chuchote[29] à l'oreille, une langue qui semble le suave murmure d'une madone, une langue qui laisse après elle, une traînée persistante de notes joyeuses ! Eh bien, tout au long des relations avec les indigènes qui s'échelonnent[30] du boy[31] à l'interprète, en passant par le marmiton,[32] le cuisinier, le blanchisseur,[33] l'ouvrier,
25 le garde-cercle,[34] le paysan, l'on n'entend que des énormités de ce genre : « Moi a dis, lui a pas content. » « Ma commandant, mon

---

[20] repéré = remarqué
[21] par trop cavalières = un peu trop libres
[22] Vaugelas, grammairien français (1585–1650)
[23] dès le berceau = dès l'enfance
[24] casernes: *barracks*
[25] supplice = tourment
[26] baragouiner = parler mal
[27] duvet: *down*
[28] au gré = dans le sens
[29] chuchote = murmure
[30] s'échelonnent = vont
[31] boy (mot anglais) = domestique
[32] marmiton = aide-cuisinier
[33] blanchisseur = celui qui lave et nettoie les vêtements
[34] garde-cercle = celui qui garde la maison, etc.

femme, ma fils. » Et des mots et des expressions dont on chercherait en vain les sources chez Littré ou Larousse:[35] « Manigolo... Foutou-moi la camp. »

Quelle sanction prendre contre des individus qui jouent si légèrement avec une langue aussi riche, coulante[36] et diplo- 5 matique que la langue française ? Contre les individus qui s'entêtent[37] à ne jamais conjuguer les verbes au temps voulu, et refusent d'employer le genre consacré ? Combien de fois par heure, n'entend-on pas : « Je partis » pour « Je pars », « le mangue » pour « la mangue » ? 10

Il fallait d'urgence trouver un remède à cette endémie,[38] car à force d'entendre « ma commandant, lui y a dit que son femme il a gagné petit », « moi, y a pas moyen miré Pernod », pour « mon commandant, il dit que sa femme a accouché »,[39] « je ne vois pas le Pernod »,[40] nombreux étaient les Européens qui avaient fini par 15 avoir les nerfs à fleur de peau,[41] près, si près de la peau que les mains et les pieds, devenus très mouvants, trop souvent partaient d'eux-mêmes. On mettait ces colères subites[42] sur le compte du soleil, du cafard,[43] de la solitude, du milieu. Mais que le responsable soit l'un ou l'autre, les coups allaient tellement vite que les 20 gens en face de l'Européen ne se sentaient plus en sécurité. Aussi prenaient-ils la précaution de reculer à chaque avance du Blanc, l'avance d'un Européen vers un indigène, à cette époque héroïque des relations, n'étant pas toujours de bon augure.[44]

Si l'Européen parlait bien sa langue, le Nègre ne comprenait 25 pas. Le Nègre parlait mal un français que l'Européen ne comprenait pas. L'Européen essayait donc de baragouiner, la mort dans l'âme, à sa façon, son doux français, que le Nègre encore ne com-

---

[35] Littré et Larousse, marques de dictionnaires français
[36] coulante = facile, naturelle
[37] s'entêtent = s'obstinent
[38] endémie = maladie
[39] a accouché = a mis un enfant au monde
[40] Pernod, marque de boisson alcoolisée
[41] avoir les nerfs à fleur de peau = être facilement surexcité
[42] subites = soudaines
[43] cafard: *blues*
[44] n'étant pas toujours de bon augure = ne promettant pas toujours quelque chose de bon

prenait pas. Alors énervé[45] exaspéré, s'en voulant presque à[46] lui-même d'avoir descendu sa langue du socle[47] où l'ont mise les autres nations, ne sachant quel saint linguiste ou polyglotte, invoquer, il hurlait:[48]

5   « Alors, vous ne comprendrez jamais le français ? »
Cette pénible situation ne pouvait vraiment pas durer. Elle n'amenait que des rancœurs[49] de part et d'autre.[50] Il fallait y porter remède. Aussi décida-t-on de proscrire[51] l'usage des dialectes dans les écoles primaires. L'on voulait de cette façon former
10 rapidement des hommes vrais, des hommes qui, en toutes circonstances, jamais ne perdraient le nord. Des hommes bien axés,[52] ayant les pieds bien enfoncés dans les pratiques de chez eux, et non point des girouettes tournant au moindre zéphyr...
La décision fut donc prise et des circulaires partirent dans
15 tous les coins de brousse,[53] dans les plus petites écoles des villages : « Défense de parler les dialectes dans l'enceinte de l'école ». C'était précis. Les zones bien délimitées. Et de ce jour-là naquit le symbole, un morceau de bois, une boîte d'allumettes, n'importe quoi, remis au premier de la classe, à charge pour lui de[54] le don-
20 ner immédiatement à l'élève surpris en train de parler son dialecte.
Ainsi, du jour où le symbole parut, un froid régna sur l'école. L'on chantait bien au début comme à la fin des classes, mais pas avec le même abandon, le même entrain,[55] la même fougue.[56] Et les récréations, joyeuses, bruyantes, ces récréations attendues im-
25 patiemment lors d'une leçon mal sue, ou lorsque l'esprit vagabonde vers une partie de billes[57] inachevée, ces récréations qui faisaient penser à une volière[58] brusquement ouverte, elles aussi,

---

[45] énervé = irrité, surexcité
[46] s'en voulant... à = se blâmant
[47] socle = piédestal
[48] hurlait = criait
[49] rancœurs = rancune, animosité
[50] de part et d'autre = des deux côtés
[51] proscrire = défendre, empêcher
[52] axés = équilibrés
[53] brousse: *bush*
[54] à charge pour lui de = sa responsabilité étant de
[55] entrain = enthousiasme, gaieté
[56] fougue = ardeur
[57] billes: *marbles*
[58] volière = grande cage à oiseaux

hélas, s'en ressentirent.[59] Au lieu de cette mêlée insouciante, de ces ébats[60] tumultueux, de ces poursuites effrénées,[61] de ces luttes au cours desquelles l'on parlait si facilement les dialectes comme pour se donner du courage, on ne voyait plus maintenant que des petits groupes d'élèves se chuchotant des phrases timides, se 5 méfiant de tout individu passant près d'eux, ou s'asseyant là, comme par hasard. En pareille circonstance, il était toujours prudent de lever le camp.[62] Cet individu se permet de vous parler en dialecte agni. Les interlocuteurs, soupçonneux, lui répondent en français.   10

Mais à un ami, sans méfiance, vous parlez votre dialecte, alors celui-ci joyeux vous remet aussitôt le symbole.

Cet après-midi, Climbié fut le premier élève à rejoindre l'école. Couché dans le sable, il feint de[63] dormir. Les autres viennent, un par un, groupe par groupe, bavards. Climbié est à 15 l'affût[64] d'un délinquant.

Que dit-celui-ci ? Mais ça y est ! Akroman, un des gringalets[65] qui tantôt[66] sautillait[67] le plus autour de lui, vient de répondre en N'zima à un de ses frères venu à la barrière. Climbié sans rien dire se lève et lui tend le petit cube. L'autre sursaute.[68] 20 Climbié sourit et s'en va jouer aussi. Il respire enfin.

A cause de ce symbole, c'était pour les élèves un vif plaisir de s'éloigner de l'école dès que la sortie était sonnée. Ils guettaient l'heure du départ en observant l'avance du soleil sur les ombres. Ils savaient tous qu'il était onze heures et demie lorsque 25 le solèil avait atteint la deuxième marche de l'escalier et essayait d'entrer dans la classe. Alors sans attendre l'ordre du maître, ils commençaient à ranger livres, ardoises[69] et cahiers...

---

[59] s'en ressentirent = en furent affectées
[60] ébats: *romping*
[61] effrénées: *wild*
[62] lever le camp = s'en aller
[63] feint de = fait semblant de
[64] est à l'affût de = guette
[65] gringalets = petits maigres
[66] tantôt = il y a peu de temps
[67] sautillait: *hopped, jumped*
[68] sursaute: *starts, jumps*
[69] ardoises: *slates*

«CABOU»

Les élèves, d'une façon très internationale, se moquent de leur professeur.

Le Directeur, à cause de sa silhouette toute ronde, de ses longues moustaches, avait été surnommé « Cabou » par les élèves. Ce mot dans aucun des dialectes n'avait de sens. Mais il sonnait bien. Chaque fois que le Directeur apparaissait, les élèves mur-
5 muraient : « Cabou, Cabou », le nez dans leur livre, sur leur cahier, sans lever la tête.

Un jour, il voulut en avoir le cœur net, le Directeur.

Il développait une leçon sur les loupes.[1] Son ventre houlait,[2] ses moustaches sur lesquelles il tirait sans cesse et qu'il enroulait
10 sans relâche, ressemblaient à des queues de scorpions. Les élèves se regardaient, souriaient. Quelqu'un souffla[3] le mot : « Cabou », le passa à un troisième qui l'essaima[4] dans la salle.

— Qu'appelez-vous cabou ? demanda le Directeur. Un froid passa sur la salle, les élèves perdirent leur sourire. Comment
15 expliquer le mot à ce Directeur fort craint, parce qu'il battait dur ?

Mais Assè, le plus malicieux[5] des élèves, ne perdant pas la tête, se leva et dit :

— Dans notre langue, c'est ainsi que nous appelons la loupe.

— Ah ! Vous appelez la loupe, cabou !

20 — Oui, monsieur le Directeur, repartirent les élèves en sou-riant, cabou !

— Mais qu'est-ce que avez à ricaner[6] comme cela ?

— Le nom est un peu drôle, reprit Assè... Loupe sonne mieux que cabou !

---

[1] loupes: *lenses, magnifying glasses*
[2] houlait: *surged*
[3] souffla = dit tout bas
[4] essaima = dispersa
[5] malicieux: *mischievous*
[6] ricaner: *snigger*

— Cabou, ça sonne bien aussi. C'est bien ça... cabou ?

— Oui, monsieur le Directeur, cabou !

Et il nota ce mot sur un carnet.

Ah ! que de chercheurs ont dû être induits en erreur de la même façon que ce Directeur ; et, un jour, quelque part, il sou- 5 tiendra mordicus,[7] que les Nègres de Côte-d'Ivoire appellent la loupe « cabou ».

Exercices

A. Répondez oralement ou par écrit aux questions suivantes:

FIDÉLITÉ A L'AFRIQUE

1. Comment savez-vous que le poète est fidèle à un pays très riche?

2. Pourquoi voulait-on étouffer la voix du poète?

3. Comment se montre la fidélité du poète?

IL N'Y A PERSONNE?

4. Pourquoi disait-on qu'il n'y avait personne en Afrique?

SÈCHE TES PLEURS!

5. Avec quelle attitude le poète revient-il?

6. Qu'est-ce qu'il apporte en revenant?

LE SYMBOLE

7. Pourquoi Climbié portait-il « le symbole »?

8. Qui avait décidé de faire porter « le symbole »?

9. Climbié, comment s'est-il débarrassé du « symbole »?

10. Quel effet ce « symbole » avait-il sur les élèves?

11. Que fait-on quand on « baragouine » une langue?

12. Qu'est-ce que c'est qu'un dialecte?

---

[7] mordicus = avec ténacité

13. Comment décririez-vous les élèves du dernier passage, « *Cabou* »?

B. Sujets de discussion:

1. Connaissez-vous d'autres poèmes de fidélité à un pays?
2. Quels doivent être les droits d'un ouvrier?
3. Doit-on obliger les gens à parler une langue étrangère?
4. Y a-t-il deux niveaux de langue?
5. Racontez vos difficultés avec le français.

C. Sujets de composition:

1. Le chauvinisme.
2. Le patriotisme.
3. Le français, langue internationale.
4. L'obligation d'étudier des langues étrangères.

BIRAGO
DIOP

Son pays:

La république du Sénégal en Afrique occidentale, ancienne colonie française, indépendante depuis 1960.

Sa vie:

Né en 1906, Diop a fait ses études au Sénégal et ensuite en France, où il a reçu son diplôme de docteur en médecine — il est aussi vétérinaire. Après maints voyages, il est rentré servir son pays en tant qu'homme politique et ambassadeur.

Son œuvre:

Birago Diop doit une grande partie de sa renommée littéraire à ses recueils de contes africains — *Les Contes d'Amadou Koumba* (1947), *Les Nouveaux Contes d'Amadou Koumba* (1958) et *Contes et Lavanes* (1963) qui reçut le Grand Prix d'Afrique Noire. Il a aussi publié un recueil de poèmes, *Leurres et Lueurs* (1960).

Selon Diop, dans les contes qui suivent, il ne fait que transcrire, assez fidèlement, ce que lui racontait le vieux griot* Amadou Koumba.

Dans « Souffles », poème préféré de l'auteur, on retrouve le thème de l'éternelle présence des ancêtres.

---

*griot, conteur-chanteur africain, qui transmet la littérature orale

Selon le poète, il y a une communion constante entre les vivants et les « morts » (ancêtres). Elle se manifeste par tous les bruits qui nous entourent et par toute action qui a lieu. On pourrait traduire le titre en anglais par: « Whispers from beyond ».

SOUFFLES

Écoute plus souvent
Les Choses que les Êtres
La Voix du Feu s'entend,
Entends la Voix de l'Eau.
Écoute dans le Vent   5
Le Buisson[1] en sanglots[2]:
C'est le Souffle des Ancêtres.

Ceux qui sont morts ne sont jamais partis :
Ils sont dans l'Ombre qui s'éclaire
Et dans l'Ombre qui s'épaissit.   10
Les Morts ne sont pas sous la Terre :
Ils sont dans l'Arbre qui frémit,[3]
Ils sont dans le Bois qui gémit,[4]
Ils sont dans l'Eau qui coule,[5]
Ils sont dans l'Eau qui dort,[6]   15
Ils sont dans la Case,[7] ils sont dans la Foule :
Les Morts ne sont pas morts.

---

[1] buisson: *bush*
[2] sanglots: *sobs*
[3] frémit: *trembles, quivers*
[4] gémit: *groans*
[5] qui coule: *running*
[6] qui dort: *still*
[7] case: *hut*

Écoute plus souvent
Les Choses que les Êtres
La Voix du Feu s'entend,
Entends la Voix de l'Eau.
5 Écoute dans le Vent
Le Buisson en sanglots :
C'est le Souffle des Ancêtres morts,
Qui ne sont pas partis
Qui ne sont pas sous la Terre
10 Qui ne sont pas morts.

Ceux qui sont morts ne sont jamais partis :
Ils sont dans le Sein de la Femme,
Ils sont dans l'Enfant qui vagit[8]
Et dans le Tison[9] qui s'enflamme.
15 Les Morts ne sont pas sous la Terre :
Ils sont dans le Feu qui s'éteint,[10]
Ils sont dans les Herbes qui pleurent,
Ils sont dans le Rocher qui geint,[11]
Ils sont dans la Forêt, ils sont dans la Demeure,[12]
20 Les Morts ne sont pas morts.

Écoute plus souvent
Les Choses que les Êtres,
La Voix du Feu s'entend,
Entends la Voix de l'Eau
25 Écoute dans le Vent
Le Buisson en sanglots,
C'est le Souffle des Ancêtres.

---

[8] vagit = pousse des cris
[9] tison : *ember*
[10] s'éteint = cesse de brûler
[11] geint (de geindre) : *whines*
[12] demeure = maison

Il redit chaque jour le Pacte,
Le grand Pacte qui lie,[13]
Qui lie à la Loi notre Sort,[14]
Aux Actes des Souffles plus forts
Le Sort de nos Morts qui ne sont pas morts,   5
Le lourd Pacte qui nous lie à la Vie.
La lourde Loi qui nous lie aux Actes
Des Souffles qui se meurent[15]
Dans le lit et sur les rives[16] du Fleuve,
Des Souffles qui se meuvent[17]   10
Dans le Rocher qui geint et dans l'Herbe qui pleure.
Des Souffles qui demeurent
Dans l'Ombre qui s'éclaire et s'épaissit,
Dans l'Arbre qui frémit, dans le Bois qui gémit
Et dans l'Eau qui coule et dans l'Eau qui dort,   15
Des Souffles plus forts qui ont pris
Le Souffle des Morts qui ne sont pas morts,
Des Morts qui ne sont pas partis,
Des Morts qui ne sont plus sous la Terre.

Écoute plus souvent   20
Les Choses que les Êtres
La Voix du Feu s'entend
Entends la Voix de l'Eau
Écoute dans le Vent
Le Buisson en sanglots,   25
C'est le Souffle des Ancêtres.

---

[13] lie = joint, unit
[14] Sort: *Fate*
[15] se meurent: *die out*
[16] rives = bords
[17] se meuvent = sont en mouvement

LE SALAIRE[1]

Diassigue-le-Caïman[2] raclant[3] le sable de son ventre flasque,[4] s'en retournait vers le marigot[5] après avoir dormi, la journée durant, au chaud soleil, lorsqu'il entendit les femmes qui revenaient de puiser[6] de l'eau, de récurer[7] les calebasses,[8] de laver
5 le linge. Ces femmes, qui avaient certainement plus abattu de besogne[9] avec la langue qu'avec les mains, parlaient et parlaient encore. Elles disaient, en se lamentant, que la fille du roi était tombée dans l'eau et qu'elle s'était noyée, que fort probablement, c'était même certain (une esclave l'avait affirmé), dès l'aurore,
10 Bour-le-Roi allait faire assécher[10] le marigot pour retrouver le corps de sa fille bien-aimée. Diassigue, dont le trou, à flanc de[11] marigot, se trouvait du côté du[12] village, était revenu sur ses pas[13] et s'en était allé loin à l'intérieur des terres dans la nuit noire. Le lendemain, on avait, en effet, asséché le marigot, et on avait, de
15 plus, tué tous les caïmans qui l'habitaient; et, dans le trou du plus vieux, on avait retrouvé le corps de la fille du roi.

Au milieu du jour, un enfant, qui allait chercher du bois mort, avait trouvé Diassigue-le-Caïman dans la brousse.[14]

— Que fais-tu là, Diassigue? s'enquit[15] l'enfant.

20 — Je me suis perdu, répondit le caïman. Veux-tu me porter chez moi, Goné?

---

[1] salaire: *reward*
[2] Tous les mots africains sont ainsi expliqués: diassigue = caïman: *crocodile*.
[3] raclant: *scraping*
[4] flasque = mou
[5] marigot, petite rivière qui se perd dans la terre
[6] puiser: *draw*
[7] récurer = nettoyer
[8] calebasses: *calabashes, hollowed-out fruit, used as containers*
[9] abattu de besogne = accompli de travail
[10] assécher = détourner l'eau de
[11] à flanc de = au bord de
[12] du côté du = dans la direction du, près du
[13] était revenu sur ses pas: *had turned back*
[14] brousse: *bush*
[15] s'enquit (de s'enquérir) = demanda

— Il n'y a plus de marigot, lui dit l'enfant.

— Porte-moi alors au fleuve, demanda Diassigue-le-Caïman.

Goné-l'enfant alla chercher une natte[16] et des lianes,[17] il enroula Diassigue dans la natte qu'il attacha avec les lianes, puis il la chargea sur sa tête, marcha jusqu'au soir et atteignit[18] le 5 fleuve. Arrivé au bord de l'eau, il déposa son fardeau,[19] coupa les liens et déroula la natte. Diassigue lui dit alors :

— Goné, j'ai les membres[20] tout engourdis[21] de ce long voyage, veux-tu me mettre à l'eau, je te prie?

Goné-l'enfant marcha dans l'eau jusqu'aux genoux et il allait 10 déposer Diassigue quand celui-ci lui demanda :

— Va jusqu'à ce que l'eau t'atteigne la ceinture,[22] car ici je ne pourrais pas très bien nager.

Goné s'exécuta[23] et avança jusqu'à ce que l'eau lui fût autour de la taille.[24] 15

— Va encore jusqu'à la poitrine, supplia le caïman.

L'enfant alla jusqu'à ce que l'eau lui atteignît la poitrine.

— Tu peux bien arriver jusqu'aux épaules, maintenant.

Goné marcha jusqu'aux épaules, et Diassigue lui dit :

— Dépose-moi, maintenant. 20

Goné obéit; il allait s'en retourner sur la rive, lorsque le caïman lui saisit le bras.

— *Wouye yayô!* (O ma mère!) cria l'enfant, qu'est-ce que ceci? Lâche-moi!

— Je ne te lâcherai pas, car j'ai très faim, Goné! 25

— Lâche-moi!

— Je ne te lâcherai pas, je n'ai rien mangé depuis deux jours et j'ai trop faim.

— Dis-moi, Diassigue, le prix d'une bonté, est-ce donc une méchanceté ou une bonté? 30

---

[16] natte: *mat*
[17] lianes: *creepers*
[18] atteignit = parvint à, arriva à
[19] fardeau: *load*
[20] membres: *limbs*
[21] engourdis: *stiff, numb*
[22] ceinture: *waist*
[23] s'exécuta = le fit
[24] taille: *waist*

— Une bonne action se paie par une méchanceté et non par une bonne action.

— Maintenant, c'est moi qui suis en ton pouvoir, mais cela n'est pas vrai, tu es le seul au monde certainement à l'affirmer.

5 — Ah! tu le crois?

— Eh bien! Interrogeons les gens, nous saurons ce qu'ils diront.

— D'accord, accepta Diassigue, mais, s'il s'en trouve trois qui soient de mon avis, tu finiras dans mon ventre, je t'assure.

10 A peine finissait-il sa menace qu'arriva une vieille, très vieille vache qui venait s'abreuver.[25] Lorsqu'elle eut fini de boire, le caïman l'appela et lui demanda :

— Nagg, toi qui es si âgée et qui possèdes la sagesse, peux-tu nous dire si le paiement d'une bonne action est une bonté ou 15 une méchanceté?

— Le prix d'une bonne action, déclara Nagg-la-Vache, c'est une méchanceté, et croyez-moi, je parle en connaissance de cause. Au temps où j'étais jeune, forte et vigoureuse, quand je rentrais du pâturage on me donnait du son[26] et un bloc de sel, on me 20 donnait du mil,[27] on me lavait, on me frottait, et si Poulo, le petit berger, levait par hasard le bâton sur moi, il était sûr de recevoir à son tour des coups de son maître. Je fournissais,[28] en ce temps, beaucoup de lait et toutes les vaches et tous les taureaux de mon maître sont issus[29] de mon sang. Maintenant, j'ai vieilli, je ne 25 donne plus ni lait ni veau, alors on ne prend plus soin de moi, on ne me conduit plus au pâturage. A l'aube, un grand coup de bâton me fait sortir du parc et je vais toute seule chercher ma pitance.[30] Voilà pourquoi je dis qu'une bonne action se paie par une mauvaise action.

30 — Goné, as-tu entendu cela? demanda Diassigue-le-Caïman.

— Oui, dit l'enfant, j'ai bien entendu.

---

[25] s'abreuver = boire
[26] son: *bran*
[27] mil: *millet*
[28] fournissais = donnais
[29] issus = sortis, nés
[30] pitance = nourriture quotidienne

Déhanchant[31] sa fesse[32] maigre et tranchante[33] comme une lame de sabre, Nagg-la-Vache s'en alla, balançant sa vieille queue rongée aux tiques,[34] vers l'herbe pauvre de la brousse.

Survint[35] alors Fass-le-Cheval, vieux et étique.[36] Il allait balayer l'eau de ses lèvres tremblantes avant de boire, lorsque 5 le caïman l'interpella :

— Fass, toi qui es si vieux et si sage, peux-tu nous dire, à cet enfant et à moi, si une bonne action se paie par une bonté ou par une méchanceté?

— Certes, je le puis, affirma le vieux cheval. Une bonté se 10 paie toujours par une mauvaise action, et j'en sais quelque chose. Écoutez-moi tous les deux. Du temps où j'étais jeune, fougueux[37] et plein de vigueur, j'avais, pour moi seul, trois palefreniers;[38] j'avais, matin et soir, mon auge[39] remplie de mil et du barbotage[40] avec du miel souvent à toutes les heures de la journée. L'on me 15 menait au bain tous les matins et l'on me frottait. J'avais une bride[41] et une selle fabriquées et ornées par un cordonnier[42] et un bijoutier maures.[43] J'allais sur les champs de bataille et les cinq cents captifs que mon maître a pris à la guerre furent rapportés sur ma croupe. Neuf ans, j'ai porté mon maître et son 20 butin.[44] Maintenant que je suis devenu vieux, tout ce que l'on fait pour moi, c'est me mettre une entrave[45] dès l'aube, et, d'un coup de bâton, on m'envoie dans la brousse chercher ma pitance.

Ayant dit, Fass-le-Cheval balaya l'écume[46] de l'eau, but

---

[31] déhanchant: *swaying from side to side*
[32] fesse = derrière
[33] tranchante: *angular*
[34] rongée aux tiques: *infested with ticks*
[35] survint = arriva
[36] étique = très maigre
[37] fougueux = plein d'enthousiasme
[38] palefreniers, personnes qui s'occupent des chevaux
[39] auge, récipient pour la nourriture des animaux
[40] barbotage: *bran mash*
[41] bride: *rein*
[42] cordonnier, celui qui répare les chaussures
[43] maures: *Moorish*
[44] butin: *plunder, booty*
[45] entrave, morceau de bois qui gêne la marche
[46] écume: *foam, froth*

longuement puis s'en alla, gêné par son entrave, de son pas boitant et heurté.[47]

— Goné, demanda le caïman, as-tu entendu? Maintenant, j'ai trop faim, je vais te manger.

5 — Non, fit l'enfant, oncle[48] Diassigue, tu avais dit, toi-même, que tu interrogerais trois personnes. Si celle qui viendra dit la même chose que ces deux-là, tu pourras me manger, mais pas avant.

— Entendu, acquiesça le caïman, mais je te préviens que
10 nous n'irons pas plus loin.

Au galop, et sautillant[49] du derrière, Leuk-le-Lièvre[50] passait. Diassigue l'appela :

— Oncle Leuk, toi qui es le plus vieux, peux-tu nous dire qui de nous deux dit la vérité? Je déclare qu'une bonne action
15 se paie par une méchanceté, et cet enfant déclare que le prix d'une bonne action c'est une bonté.

Leuk se frotta le menton, se gratta l'oreille, puis interrogea à son tour :

— Diassigue, mon ami, demandez-vous à l'aveugle de vous
20 affirmer si le coton est blanc ou si le corbeau est bien noir?

— Assurément non, avoua le caïman.

— Peux-tu me dire où va l'enfant dont tu ne connais pas les parents?

— Certainement pas!

25 — Alors, expliquez-moi ce qui s'est passé, et je pourrai peut-être répondre à votre question sans risque de beaucoup me tromper.

— Eh bien, oncle Leuk, voici : cet enfant m'a trouvé là-bas à l'intérieur des terres, il m'a enroulé dans une natte et il m'a
30 porté jusqu'ici. Maintenant, j'ai faim, et comme il faut bien que je mange, car je ne veux point mourir, ce serait bête de le laisser partir pour courir après une proie[51] incertaine.

---

[47] boitant et heurté: *limp and uneven*
[48] oncle: *here, used only as term of endearment*
[49] sautillant: *jumping, hopping*
[50] lièvre: *hare*
[51] proie: *prey*

— Incontestablement, reconnut Leuk, mais si les paroles sont malades, les oreilles, elles, doivent être bien portantes,[52] et mes oreilles, à ce que j'ai toujours cru, sont bien portantes, ce dont je remercie le bon Dieu, car il est une de tes paroles, frère Diassigue, qui ne me paraît pas en bonne santé.

— Laquelle est-ce? interrogea le caïman.

— C'est lorsque tu prétends que ce bambin[53] t'a porté dans une natte et t'a fait venir jusqu'ici. Cela, je ne peux le croire.

— Pourtant c'est vrai, affirma Goné-l'enfant.

— Tu es un menteur comme ceux de ta race, fit le lièvre.

— Il a dit la vérité, confirma Diassigue.

— Je ne pourrai le croire que si je le vois, douta Leuk. Sortez de l'eau tous les deux.

L'enfant et le caïman sortirent de l'eau.

— Tu prétends que tu as porté ce gros caïman dans cette natte? Comment as-tu fait?

— Je l'ai enroulé dedans et j'ai ficelé[54] la natte.

— Eh bien, je veux voir comment.

Diassigue s'affala[55] dans la natte, que l'enfant enroula.

— Et tu l'as ficelée, as-tu dit?

— Oui!

— Ficèle-la voir.[56]

L'enfant ficela solidement la natte.

— Et tu l'as porté sur ta tête?

— Oui, je l'ai porté sur ma tête!

— Eh bien! porte sur ta tête que je le voie.

Quand l'enfant eut soulevé natte et caïman et les eut posés sur sa tête, Leuk-le-Lièvre lui demanda :

— Goné, tes parents sont-ils forgerons?[57]

— Que non pas!

---

[52] bien portantes = en bonne santé
[53] bambin = petit enfant
[54] ficelé = attaché avec de la ficelle *(string)*
[55] s'affala = se laissa tomber
[56] voir = que je le voie
[57] forgerons: *blacksmiths*

— Diassigue n'est donc pas ton parent? Ce n'est pas ton totem?[58]

— Non, pas du tout!

— Emporte donc ta charge chez toi, ton père et ta mère et
5 tous tes parents et leurs amis te remercieront, puisque vous en
mangez à la maison. Ainsi doivent être payés ceux qui oublient
les bonnes actions.

N'GOR-NIÉBÉ

Chacun savait que N'Gor était celui-qui-ne-mange-pas-de-
haricots. Mais explique qui pourra,[59] personne ne l'appelait plus
10 par son nom, pour tout le monde, il était devenu N'Gor-Niébé
pour ceux du village et pour ceux du pays.

Agacés de le voir toujours refuser de s'accroupir[60] autour
d'une calebasse[61] où pointait une tache noire du nez d'un *niébé*,[62]
ses camarades se jurèrent un jour de lui en faire manger.

15 N'Dèné était une belle fille aux seins durs, à la croupe[63]
ferme et rebondie, au corps souple comme une liane,[64] et N'Dèné
était l'amie de N'Gor Sène. C'est elle que vinrent trouver les camarades de son ami qui lui dirent :

— N'Dèné, nous te donnerons tout ce que tu voudras: bou-
20 bous,[65] pagnes,[66] argent et colliers si tu arrives à faire manger des

---

[58] totem, animal considéré comme l'ancêtre de la tribu *(tribe)*
[59] explique qui pourra: *try as one might to explain it*
[60] s'accroupir: *to squat, to crouch*
[61] calebasse: *calabash, hollowed-out fruit, used as container*
[62] *niébé* (mot africain): haricot
[63] croupe = derrière
[64] liane: *creeper*
[65] boubous, *garment of wide material worn by men and women, flowing from
shoulder to ankle*
[66] pagnes, *here, wide piece of material worn by women wrapped around body
from waist to ankle*

niébés à N'Gor qui commence vraiment à nous étonner, nous ses frères, car il ne nous explique même pas les raisons de son refus. Aucun interdit[67] n'a touché sa famille concernant les haricots.

Promettre à une femme jeune et jolie, à une coquette, pagnes et bijoux! Que ne ferait-elle pour les mériter? Jusqu'où n'irait-elle pas? Faire manger à quelqu'un un mets[68] qu'aucune tradition ne lui défend de toucher, quelqu'un qui dit vous aimer et vous le prouve tous les soirs? Rien de plus aisé sans doute, N'Dèné promit à son tour.

Trois nuits durant N'Dèné se montra plus gentille et plus caressante qu'à l'accoutumée,[69] lorsque griots,[70] musiciens et chanteurs prenaient congé[71] après avoir égayé[72] les jeunes amants. Sans dormir un seul instant, elle massa,[73] elle éventa,[74] elle caressa N'Gor, lui chantant de douces chansons et lui tenant de tendres propos.[75] Au matin de la troisième nuit, N'Gor lui demanda :

— N'Dèné, ma sœur et ma chérie, que désires-tu de moi?

— N'Gor mon oncle, dit la jeune femme, mon aimé, tout le monde prétend que tu ne veux pas manger des haricots, même préparés par ta mère. Je voudrais que tu en manges faits de ma main, ne serait-ce qu'une poignée.[76] Si tu m'aimes vraiment comme tu le dis, tu le feras, et moi seule le saurai.

— Ce n'est que cela, le plus grand de tes désirs? Eh bien! mon aimée, demain, tu feras cuire tes haricots, et, lorsque la terre sera froide, je les mangerai, c'est là la preuve qu'il te faut de mon grand amour.

Le soir N'Dèné fit cuire des haricots, les accommoda[77] à la

---

[67] interdit: *restriction*
[68] mets: *dish*
[69] à l'accoutumée = d'habitude
[70] griots, conteurs-chanteurs qui transmettent la littérature orale
[71] prenaient congé = partaient
[72] égayé = rendu gais
[73] massa: *massaged*
[74] éventa: *fanned*
[75] lui tenant de tendres propos = lui disant des choses douces
[76] ne serait-ce qu'une poignée = même si c'est seulement une poignée (*handful*)
[77] accommoda: *dressed, seasoned*

sauce arachide,[78] y mit piment, clous de girofle[79] et tant d'autres sortes d'épices qu'on n'y sentait plus l'odeur ni le goût des haricots.

Quand N'Gor se retourna dans son deuxième sommeil,
5 N'Dèné le réveilla doucement en lui caressant la tête et lui présenta la calebasse si appétissante.

N'Gor se leva, se lava la main droite, s'assit sur la natte, près de la calebasse et dit à son amante :

— N'Dèné, est-il dans Diakhaw une personne à qui tu don-
10 nerais ton nez pour qu'elle vive si elle venait à[80] perdre le sien, une personne dont le cœur et le tien ne font qu'un, une amie pour laquelle tu n'as aucun secret, une seule personne à qui tu te confies sincèrement?

— Oui! fit N'Dèné.
15 — Qui est-ce?

— C'est Thioro.

— Va la chercher.

N'Dèné alla chercher son amie intime. Quand Thioro arriva, N'Gor lui demanda :
20 — Thioro, as-tu une amie intime, la seule personne au monde pour qui tu ouvres ton cœur?

— Oui! dit Thioro, c'est N'Goné.

— Va dire à N'Goné de venir.

Thioro alla quérir[81] N'Goné, sa plus-que-Sœur. Quand
25 N'Goné vint, N'Gor l'interrogea :

— N'Goné, as-tu une personne au monde à qui ta langue ne cache aucun secret, pour qui ton cœur soit aussi clair que le jour?

— Oui! c'est Djégane, fit[82] la jeune femme.
30 — N'Dèné ma sœur, dit-il alors, je ne mangerai jamais de haricots. S'il m'était arrivé de manger ces *niébés* préparés par

---

[78] arachide: *peanut*
[79] clous de girofle: *cloves*
[80] venait à: *happened to*
[81] quérir = chercher
[82] fit = dit

toi ce soir, demain toutes ces femmes l'auraient su, et d'amies intimes en amies intimes, de femmes à maris, de maris à parents, de parents à voisins, de voisins à compagnons, tout le village et tout le pays l'auraient su.

Et dans la nuit N'Gor Sène s'en retourna dans sa case 5 pensant que c'est le premier toupet[83] de Kotj Barma[84] qui avait raison :

« Donne ton amour à ta femme, mais non ta confiance ».

Exercices

A. Répondez oralement ou par écrit aux questions suivantes:

SOUFFLES

1. Comment le poète considère-t-il les choses?
2. Qui sont les ancêtres?
3. Comment communiquent les vivants et les morts?

LE SALAIRE

4. Comment le caïman est-il arrivé à se perdre au début?
5. Comment le caïman fut-il sauvé?
6. Que voulait-il faire de son sauveteur?
7. Quelles étaient les expériences de la vache et du cheval?
8. Quel rôle le lièvre a-t-il joué?
9. Pourquoi le caïman s'est-il laissé prendre?

---

[83] toupet, *witty bit of warning*
[84] Kotj Barma, philosophe sénégalais

10. Quelle décision les camarades de N'Gor ont-ils prise?

11. Quel était le plan de N'Dèné?

12. Pourquoi N'Gor n'a-t-il pas mangé les haricots?

B. *Sujets de discussion:*

1. Croyez-vous aux revenants (*ghosts*)?

2. Discutez l'apport des fables.

3. Discutez les idées (fausses) que les hommes se font généralement à l'égard des femmes.

C. *Sujets de composition:*

1. Imaginez une visite d'un grand personnage déjà mort.

2. L'ingratitude.

3. La sagesse masculine contre la sagesse féminine.

TCHICAYA
U TAM'SI

Son pays:

La république du Congo (Congo-Brazzaville), ancienne colonie française, indépendante depuis 1960.

Sa vie:

Né en 1931, Tchicaya U Tam'si a fait la plupart de ses études en France où il est allé à l'âge de 15 ans.

Son œuvre:

Tchicaya U Tam'si est plus connu en tant que poète, ayant publié *Le Mauvais Sang* (1955), *Feu de brousse* (1957), *A Triche-cœur* (1960), *Épitomé* (1962) et *Le Ventre* (1964). En 1966, à Dakar au Sénégal, lors du Festival des Arts Nègres, ce poète a remporté le Grand Prix de Poésie pour son recueil *Épitomé*.

Dans son recueil *Légendes africaines* (1967) Tchicaya U Tam'si a rassemblé quelques-unes des légendes dont l'Afrique est si riche. Dans celle que voici, il donne une version de la création «comme on me l'a raconté en Côte-d'Ivoire.»*

---

*La Côte-d'Ivoire est une république d'Afrique occidentale.

LES DEUX GUÉLAS
OU LA CRÉATION

LE GUÉLA-D'EN-HAUT CONTRE LE GUÉLA-D'EN-BAS

Il y avait, avant que toutes les choses soient sur la terre et
dans le ciel,
Deux créatures très puissantes.
Il y avait le Guéla-d'En-Haut![1]
Et il y avait le Guéla-d'En-Bas![2]   5
Un jour, le vent ne souffla pas.
Et le Guéla-d'En-Bas s'ennuya; il se mit à bâiller...[3]
Et de l'argile[4] sortit de sa bouche. Il dit :
Je ferai des hommes, des femmes, des poissons, des animaux
et des plantes avec de l'argile.   10
Et avec de l'argile, il fit des hommes, des femmes, des pois-
sons, des animaux et des plantes. Il dit :
Je mettrai le sang dans le corps des hommes, des femmes,
des poissons, des animaux et des plantes que j'ai faits en argile
pour qu'ils vivent selon moi.   15
Le Guéla-d'En-Bas versa le sang dans le corps des hommes,
des femmes, des poissons et des animaux, mais la vie ne vint pas
en eux! Le Guéla-d'En-Bas se fâcha;[5] il laissa les hommes, les
femmes, les poissons, les animaux et les plantes d'argile dehors.
Il s'impatienta. Il partit. Il laissa les statues d'argile dehors.   20
Un jour, la pluie tomba. De nombreux[6] hommes d'argile
fondirent[7] dans la pluie. Le Guéla vit ce qui était arrivé à beaucoup d'hommes, de femmes, de poissons, d'animaux et de plantes
qui étaient faits d'argile. Le Guéla dit :

---

[1] Guéla-d'En-Haut = divinité qui était en haut
[2] Guéla-d'En-Bas = divinité qui était en bas
[3] il se mit à bâiller: *he started to yawn*
[4] argile: *clay*
[5] se fâcha = se mit en colère
[6] de nombreux = beaucoup de
[7] fondirent: *melted*

Ils ont fondu dans la pluie parce qu'ils sont d'argile.

Le remords monta dans le cœur du Guéla-d'En-Bas. Il prit des hommes, des femmes, des poissons, des animaux et des plantes d'argile qui étaient restés intacts. Le Guéla-d'En-Bas les
5 prit et les plaça dans une grotte.[8]

En ce temps-là, la nuit était toujours sur la terre.

En ce temps-là, la terre était toujours dans la nuit.

Le Guéla-d'En-Bas n'avait que le feu pour voir clair.

En ce temps-là, le jour était toujours dans le ciel.

10 En ce temps-là, le ciel était le jour. Le Guéla-d'En-Haut avait le soleil pour s'éclairer.

Le Guéla-d'En-Haut vit que Guéla-d'En-Bas avait de beaux jouets. Il dit :

Donne-moi quelques-uns de tes hommes, de tes femmes,
15 de tes poissons, de tes animaux d'argile, je leur donnerai la vie, et à toi, je te donnerai la lumière de mon soleil.

Le Guéla-d'En-Bas dit :

Je te donnerai seulement les poissons et les animaux et les plantes d'argile, je ne te donnerai pas les hommes et les femmes
20 d'argile. Le Guéla-d'En-Haut dit :

Je veux aussi les hommes et les femmes...

Le Guéla-d'En-Bas dit :

Soit,[9] tu les auras, mais fais d'abord que la vie vienne en eux.

Alors le Guéla-d'En-Haut fit venir la vie dans le corps des
25 hommes, des femmes, des poissons, des animaux et des plantes.

Alors les hommes et les femmes se levèrent et se mirent à marcher, les poissons se levèrent et se mirent à nager, les animaux se levèrent et se mirent à bondir, les plantes se levèrent et se mirent à pousser. Le Guéla-d'En-Haut dit :

30 Maintenant, Guéla-d'En-Bas, tiens ta promesse! J'ai donné la vie aux hommes, aux femmes, aux poissons, aux animaux, aux plantes qui étaient d'argile; je t'ai donné la lumière du soleil : maintenant tiens ta promesse.

---

[8] grotte = caverne
[9] soit = d'accord

Mais le Guéla-d'En-Bas ne voulut rien entendre. Alors les deux Guélas se disputèrent. Tous les deux se fâchèrent pour tout le temps, jusqu'à la fin des temps!

Mais, depuis, le Guéla-d'En-Haut cherche à reprendre la vie qu'il fit venir dans les corps d'argile des hommes, des femmes, des poissons, des animaux et des plantes façonnés[10] par le Guéla-d'En-Bas.

Chaque fois que le Guéla-d'En-Haut parvient à[11] reprendre la vie qu'il fit venir dans les hommes, les femmes, les poissons et les animaux et les plantes, un homme, une femme, un poisson, un animal ou une plante meurt.

Mais comme le Guéla-d'En-Bas dispute la vie que le Guéla-d'En-Haut fit venir dans le corps d'argile des hommes, des femmes, des poissons, des animaux et des plantes,

le temps que durent leurs disputes est le temps où les hommes, les femmes, les poissons et les animaux et les plantes sont malades.

C'est aussi le temps où le sirocco[12] souffle.

C'est aussi le temps de la guerre.

C'est aussi le temps de la tempête...

Les étoiles sont les pierres précieuses que le Guéla-d'En-Haut fait briller pour attirer les femmes vers lui.

La lune est l'œil du Guéla-d'En-Haut.

Avec cet œil ouvert ou entrouvert,[13] le Guéla-d'En-Haut surveille le Guéla-d'En-Bas, son ennemi — même la nuit, quand il reprend le soleil au Guéla-d'En-Bas, qu'il lui a donné avec la vie aux hommes, aux femmes, aux poissons, aux animaux, aux plantes qui étaient d'argile.

C'était avant que toutes choses soient sur la terre et dans le ciel.

---

[10] façonnés = faits, modelés
[11] parvient à = réussit à
[12] sirocco, vent très sec et très chaud venant du Sahara
[13] entrouvert = ouvert un peu

Exercices

A. Répondez oralement ou par écrit aux questions suivantes:

1. Qu'est-ce qui est arrivé lorsque le Guéla-d'En-Bas a bâillé?
2. Pourquoi le Guéla-d'En-Bas s'est-il fâché la première fois?
3. Qu'est-ce qu'il avait pour s'éclairer?
4. Pourquoi avait-il besoin de s'éclairer?
5. Quel échange le Guéla-d'En-Haut voulait-il faire avec le Guéla-d'En-Bas?
6. A quelle condition le Guéla-d'En-Bas a-t-il décidé de donner les hommes et les femmes au Guéla-d'En-Haut?
7. Pourquoi les deux Guélas se sont-ils disputés?
8. Combien de temps dura leur querelle?
9. Comment la mort s'explique-t-elle selon cette légende?
10. Comment la maladie s'explique-t-elle selon cette légende?
11. Quels sont les autres effets de la dispute?
12. Quelle est l'explication de la présence de la lune et des étoiles?

B. Sujets de discussion:

1. Comparez cette version de la création avec celle de la Bible.
2. Connaissez-vous d'autres histoires, légendes, etc., qui donnent des explications pareilles? Quels sont les phénomènes expliqués?

C. Sujets de composition:

1. Les légendes américaines.
2. Les légendes de mon pays (pour les étrangers).

AIMÉ CÉSAIRE

Son pays:

La Martinique, île des Antilles françaises, département d'Outre-mer de la France depuis 1946.

Sa vie:

Né en 1913, Césaire a fait ses études universitaires en France. Il poursuit une carrière politique qui est très active, puisqu'il est à la fois député de la Martinique à l'Assemblée nationale française et maire de Fort-de-France, capitale de son île natale.

Son œuvre:

Profondément poète, Césaire a publié son célèbre *Cahier d'un retour au pays natal*, écrit vers 1938, œuvre capitale de la négritude, ainsi que d'autres recueils de poèmes — *Les Armes miraculeuses* (1946), *Cadastres* (1961) et *Ferrements* (1960). Il s'est tourné vers le théâtre avec *Et les chiens se taisaient* (1956), *La Tragédie du roi Christophe* (1967) et *Une Saison au Congo* (1967) d'où notre extrait est tiré.

Dans *Une Saison au Congo* Césaire retrace, à sa façon, l'histoire de Patrice Lumumba au temps de l'indépendance du Congo belge.

UNE SAISON AU CONGO

(EXTRAIT)

Les Congolais viennent de recevoir leur indépendance des Belges. Cependant, en plein milieu des festivités se manifestent les différends qui plus tard auront des conséquences désastreuses surtout pour Lumumba.

ACTE 1, Scène 5

Léopoldville, foule en liesse et bon enfant.[1]
On entend le cha-cha de l'Indépendance.

UNE FEMME

Comment elle arrive, Dipenda?[2] En auto, en bateau, en avion?

UN HOMME

5

Elle arrive avec le petit roi blanc, le *bwana*[3] Kitoko, c'est lui qui nous l'apporte.

LE JOUEUR DE SANZA[4]

Dipenda! On ne nous l'apporte pas, c'est nous qui la prenons, citoyens!

10

LE TRIBALISTE MUKONGO

Peu importe![5] Donnée ou arrachée, ce que je sais, c'est que maintenant que nous avons Dipenda, il faudra que tous les Bengalas rentrent dans leurs villages. Le pays est gâté avec tous ces Bengalas-là!

15

---

[1] foule... enfant: *crowd in gay, orderly mood*
[2] Dipenda = l'Indépendance
[3] *bwana* (mot africain): chef, maître
[4] Dans la pièce, ce personnage tient à peu près le rôle du chœur des pièces classiques.
[5] Peu importe! = Ça ne fait rien! Ça n'a pas d'importance!

UN MUNGALA

Attention, monsieur, ne nous provoquez pas. C'est nous qui sommes bien bons de tolérer qu'un Mukongo soit président de la République, qu'un Mukongo nous gouverne; cette place revient
5 à[6] une homme du fleuve! Vive Jean Bolikango! Jean Bolikango au pouvoir!

LE JOUEUR DE SANZA

Allons! messieurs, calmez-vous! plus de querelles ethniques. Ne laissons pas le colonialisme diviser pour régner! Dominons ces
10 querelles tribales! Qu'il n'y ait plus parmi nous de Bengalas, de Bakongos, de Batételes, mais seulement des Congolais! libres, unis, organisés! Allons, célébrons notre unité autour d'une bonne bière, je vous paie à boire, messieurs!

UN PARTISAN

15 Soit![7] du moins faut-il savoir quelle bière, je ne bois que de la Polar.[8]

DEUXIÈME PARTISAN

Moi, de la Primus![8]

LE BUVEUR ABAKO

20 Primus, la reine des bières! La bière du roi Kala!

DEUXIÈME BUVEUR

Polar, la fraîcheur des pôles sous les tropiques!

LE JOUEUR DE SANZA

Je bois à la paix! A toutes les paix: La paix des cœurs, la paix des
25 ethnies, la paix des partis, la paix des bières, buvons messieurs, et trinquons,[9] qui en Polar, qui en Primus,[10] mais à la santé du Congo!

---

[6] revient à = appartient à
[7] Soit! = D'accord!
[8] Polar, Primus, marques de bière
[9] trinquer, choquer un verre contre un autre avant de boire; trinquons = buvons
[10] qui... qui = les uns... les autres

TOUS

Vive le Congo!

Ils chantent le cha-cha de l'Indépendance.

ACTE 1, Scène 6

BASILIO, roi des Belges

Ce peuple barbare, jadis terrassé[11] par la rude poigne de Boula 5
Matari,[12] nous l'avons pris en charge. Eh oui, la Providence nous
a commis ce soin, et nous l'avons nourri, soigné, éduqué. Si nos
efforts ont pu vaincre leur nature, si nos peines rencontrent salaire,[13] par cette indépendance qu'aujourd'hui je leur apporte,
nous allons l'éprouver. Qu'ils fassent donc l'essai de leur liberté. 10
Ou bien[14] ils donneront à l'Afrique l'exemple que, nous-mêmes,
donnons à l'Europe: celui d'un peuple uni, décent, laborieux, et
l'émancipation de nos pupilles nous fera, dans le monde, quelque
honneur. Ou bien[14] la racine barbare, alimentée dans le puissant
fond primitif, reprendra sa vigueur malsaine, étouffant la bonne 15
semence inlassablement semée, pendant cinquante ans, par le dévouement de nos missionaires, et alors!

GÉNÉRAL MASSENS, général belge

Et alors!

BASILIO   20

Nous aviserons en temps utile, Massens; faisons plutôt confiance
à la nature humaine, voulez-vous?

GÉNÉRAL MASSENS

Vous savez Majesté, que je ne suis guère enthousiaste de ces expériences, lesquelles[15] portent, au demeurant,[16] la marque de la 25

---

[11] terrassé: *crushed*
[12] Boula Matari, le premier homme blanc
[13] rencontrent salaire = réussissent, ont du succès
[14] ou bien... ou bien: *either... or*
[15] lesquelles = qui
[16] au demeurant = après tout, tout bien considéré

hardiesse et de la générosité qui caractérisent le génie de Votre Majesté...

Mais puisque vous le voulez! Du moins, cette liberté dont ils ont fumé le mauvais chanvre[17] et dont les émanations les enivrent[18] de
5 si déplorables visions, qu'ils sentent qu'ils la reçoivent, et non qu'ils la conquièrent. Majesté, je ne les crois pas si obtus qu'ils ne sentent toute la différence qui sépare un droit qui leur serait reconnu d'un don de votre Munificence[19] royale!

BASILIO

10 Rassurez-vous, Massens, je le leur marquerai dans les formes les plus expresses, mais les voici!

KALA-LUBU, président de la République du Congo

s'adressant à Lumumba

Monsieur le premier bourgmestre,[20] excusez-moi, c'est « Monsieur
15 le Premier ministre » que je veux dire, mon souci est que les choses se passent bien, je veux dire convenablement. Les règles de la politesse nous en font un devoir, les règles de la politique aussi. Le temps serait mal choisi de plaintes, de récriminations, de paroles tonitruantes[21] et malsonnantes[22] L'enfantement se fait
20 dans la douleur, c'est la loi; mais quand l'enfant naît, on lui sourit. Je voudrais aujourd'hui un Congo tout sourire. Mais voici le roi.

s'adressant à la foule

Allons, en chœur, vive le roi!

LA FOULE

25 Vive le roi! Vive le *bwana* Kitoyo! Vive le roi Kala!

*La foule agite de petits drapeaux, portant le signe du kodi[23]
emblème de l'Abako, coquille percée d'une épée.*

---

[17] chanvre: *hemp*
[18] enivrent = rendent ivre
[19] munificence = libéralité
[20] bourgmestre = premier magistrat des villes en Belgique
[21] tonitruantes = tonnantes (qui font un bruit de tonnerre)
[22] malsonnantes = contraires à la bienséance, choquantes
[23] le signe du kodi: *party insignia (the Abako is a political party)*

Explosion de pétards.
Un groupe d'enfants noirs sous la conduite d'un mission-
naire à grande barbe, chante une chanson, un peu comme
les Petits Chanteurs à la Croix de Bois.[24]

BASILIO 5
haranguant les officiels

Bref sera mon propos. Il est pour adresser une pensée pieuse à
mes prédécesseurs, tuteurs avant moi, de ce pays, et d'abord à
Léopold, le fondateur, qui est venu ici non pour prendre ou
dominer, mais pour donner et civiliser. Il est aussi pour dire notre 10
reconnaissance[25] à tous ceux qui jour après jour et au prix de
quelles peines! ont construit et bâti ce pays. Gloire aux fondateurs!
Gloire aux continuateurs! Il est enfin, messieurs, pour vous remettre[26] cet État, notre œuvre.[27] Nous sommes un peuple d'ingénieurs
et de manufacturiers. Je vous le dis sans forfanterie[28] nous vous 15
remettons aujourd'hui une machine, bonne; prenez-en soin; c'est
tout ce que je vous demande. Bien entendu[29] puisqu'il s'agit de[30]
technique, et qu'il serait hasardeux de ne point prévoir de dé-
faillances mécaniques, du moins sachez que vous pourrez toujours
avoir recours à nous, et que vous demeure acquis notre con- 20
cours,[31] notre concours désintéressé, messieurs! Et maintenant,
Congolais, prenez les commandes, le monde entier vous regarde!

KALA-LUBU
Sire! La présence de votre Auguste[32] Majesté, aux cérémonies
de ce jour mémorable, constitue un éclatant et nouveau té- 25
moignage de votre sollicitude pour toutes ces populations que
vous avez aimées et protégées. Elles ont reçu votre message

---

[24] groupe de jeunes chanteurs catholiques français dirigé par un abbé
[25] reconnaissance = gratitude
[26] remettre = donner
[27] œuvre = travail
[28] sans forfanterie: *without boasting*
[29] bien entendu = naturellement
[30] il s'agit de = il est question de
[31] et que vous demeure acquis notre concours = et que vous avez notre co-
opération complète
[32] Auguste = imposante (Notez la position de l'adjectif. Quel en est l'effet?)

d'amitié avec tout le respect et toute la ferveur dont elles vous entourent, et garderont longtemps dans leur cœur les paroles que vous venez de leur adresser en cette heure solennelle. Elles sauront apprécier tout le prix de l'amitié que la Belgique leur
5 offre, et s'engageront avec enthousiasme dans la voie d'une collaboration sincère. Quant à[33] vous Congolais, mes frères, je veux que vous sachiez, que vous compreniez, que l'indépendance, amie des tribus, n'est pas venue pour abolir la loi, ni la coutume; elle est venue pour les compléter, les accomplir et les harmoniser.
10 L'indépendance, amie de la Nation, n'est pas venue davantage[34] pour faire régresser la civilisation. L'indépendance est venue, tenue par la main, d'un côté par la Coutume, de l'autre par la Civilisation. L'indépendance est venue pour réconcilier l'ancien et le nouveau, la nation et les tribus. Restons fidèles à la Civi-
15 lisation, restons fidèles à la Coutume et Dieu protègera le Congo.

Applaudissements incertains.

LUMUMBA

Moi, sire, je pense aux oubliés.
Nous sommes ceux que l'on déposséda, que l'on frappa, que l'on
20 mutila; ceux que l'on tutoyait[35] ceux à qui l'on crachait au visage. Boys[36]-cuisine, boys-chambres, boys comme vous dites, lava-dères[37] nous fûmes un peuple de boys, un peuple de oui-*bwana* et, qui doutait que l'homme pût[38] ne pas être l'homme, n'avait qu'à nous regarder.
25 Sire, toute souffrance qui se pouvait souffrir, nous l'avons souf-ferte. Toute humiliation qui se pouvait boire, nous l'avons bue! Mais, camarades, le goût de vivre, ils n'ont pu[39] nous l'affadir dans la bouche, et nous avons lutté, avec nos pauvres moyens lutté, pendant cinquante ans
30 et voici : nous avons vaincu.

---

[33] quant à: *as for*
[34] n'est pas venue davantage = n'est pas venue non plus
[35] tutoyer, employer "tu" en parlant à quelqu'un
[36] boys (mot anglais) = domestiques (dans les colonies)
[37] boys-lavadères, ceux qui étaient chargés de laver, de nettoyer
[38] pût, 3ème pers., sing. de l'imparfait du subjonctif de pouvoir
[39] Notez que le verbe « pouvoir » au négatif se construit quelquefois sans « pas ».

Notre pays est désormais entre les mains de ses enfants.

Nôtre, ce ciel, ce fleuve, ces terres.

nôtre, le lac et la forêt.

nôtre, Karissimbi, Nyiragongo, Niamuragira, Mikéno, Ehu, montagnes montées de la parole même du feu.   5

Congolais, aujourd'hui est un jour, grand.

C'est le jour où le monde accueille parmi les nations

Congo, notre mère

et surtout Congo, notre enfant,

l'enfant de nos veilles, de nos souffrances, de nos combats.   10

Camarades et frères de combat, que chacune de nos blessures se transforme en mamelle!

Que chacune de nos pensées, chacune de nos espérances soit rameau à brasser à neuf, l'air![40]

Pour Kongo![41] Tenez. Je l'élève au-dessus de ma tête;   15

Je le ramène sur mon épaule

trois fois je lui crachote au visage[42]

je le dépose par terre et vous demande à vous; en vérité, connaissez-vous cet enfant? et vous répondez tous : c'est Kongo, notre roi!   20

Je voudrais être toucan, le bel oiseau, pour être à travers le ciel, annonceur, à races et langues que Kongo nous est né, notre roi!

Kongo, qu'il vive!

Kongo, tard né, qu'il suive l'épervier![43]

Kongo, tard né, qu'il clôture la palabre![44]   25

Camarades, tout est à faire, ou tout est à refaire, mais nous le ferons, nous le referons. Pour Kongo!

Nous reprendrons les unes après les autres, toutes les lois, pour Kongo!

Nous réviserons, les unes après les autres, toutes les coutumes,   30
pour Kongo!

---

[40] soit rameau à brasser à neuf l'air = soit l'instrument à faire quelque chose de neuf

[41] *Kongo with a K is more African than with a C.*

[42] *Refers to African custom of spitting in the face of the new-born so that it will follow in the footsteps of its parents. There is no trace of insult here.*

[43] épervier: *hawk*

[44] qu'il clôture la palabre = qu'il mette fin aux discussions

Traquant[45] l'injustice, nous reprendrons, l'une après l'autre toutes les parties du vieil édifice, et du pied à la tête, pour Kongo!

Tout ce qui est courbé sera redressé, tout ce qui est dressé sera rehaussé

5   pour Kongo!
        Je demande l'union de tous!
Je demande le dévouement de tous! Pour Kongo; *Uhuru!*[46]

Moment d'extase.

Congo! Grand Temps!
10 et nous, ayant brûlé de l'année oripeaux et défroques,[47] procédons de mon unanime pas jubilant
dans le temps neuf! Dans le solstice!

Stupeur. Ici, entrent quatre banquiers.

PREMIER BANQUIER
15 C'est horrible, c'est horrible, ça devait mal finir!

DEUXIÈME BANQUIER
Ce discours! cette fois, ça y est, on peut faire sa valise![48]

TROISIÈME BANQUIER
très digne
20 C'est évident! Là où l'ordre défaille,[49] le banquier s'en va!

QUATRIÈME BANQUIER
Oui, sur le Congo, cette fois dérive sans balise![50]

Passe Mokutu affairé.

---

[45] traquant = poursuivant, chassant
[46] *Uhuru* (mot swahili) : liberté
[47] oripeaux et défroques: *rags and cast-offs*
[48] faire sa valise = préparer le départ
[49] défaille = faiblit
[50] dérive sans balise: *drifts aimlessly* (le Congo est, ici, le fleuve)

J'avais misé [51] sur lui! qui a bien pu lui rédiger[52] ce discours?
et dire[53] que je voulais faire de lui un homme d'État! s'il veut se
casser le cou, tant pis[54] pour lui! dommage! c'est dommage! Trop
aiguisé, le couteau déchire jusqu'à sa gaine!   5

Il crache.
Entre Lumumba.

                        LE JOUEUR DE SANZA
    perplexe

Hum! ne nous hâtons pas de juger le patron! S'il l'a fait, il ne doit 10
pas l'avoir fait sans raison. Même si, cette raison, nous ne la
voyons pas!

                        LUMUMBA
Alors, d'accord, toi? Ou es-tu de ceux qui croient que le ciel va
s'effondrer parce qu'un nègre a osé, à la face du monde, engueu- 15
ler[55] un roi? Non, tu n'es pas d'accord! Je le vois dans tes yeux.

                        MOKUTU
Puisque tu m'interroges, je te répondrai par une histoire.

                        LUMUMBA
Je déteste les histoires.   20

                        MOKUTU
C'est pour aller vite. A onze ans, je chassais avec mon grand-père.
Brusquement,[56] je me trouvai nez à nez avec un léopard. Affolé[57]
je lui lance mon javelot et le blesse. Fureur de mon grand-père.
Je dus aller récupérer[58] l'arme. Ce jour-là, j'ai compris une fois 25

---

[51] misé = compté
[52] rédiger = composer
[53] et dire que = *and to think that*
[54] tant pis: *too bad*
[55] engueuler = lancer des invectives *(abuse)* contre
[56] brusquement = soudain, tout à coup
[57] affolé: *bewildered, frantic*
[58] je dus aller récupérer: *I had to go and recover*

pour toutes que l'on ne doit pas attaquer une bête, si on n'est pas sûr de la tuer.

LUMUMBA

très froid

5 Tu as tort de n'être pas d'accord. Il y avait un tabou à lever. Je l'ai levé! Quant à ton histoire si elle signifie que tu hais le colonialisme, la Bête, et que tu es décidé à la traquer avec moi, et à l'achever avec moi... alors ça va...

MOKUTU

10 En doutes-tu Patrice?

LUMUMBA

brusque

Bon! Faisons la paix! Je suis content.

Ils sortent.

Exercices

A. Répondez oralement ou par écrit aux questions suivantes:

1. Comment savez-vous que, dès le début, les différends ne sont pas résolus?
2. Pourquoi a-t-on décidé de trinquer?
3. Selon le roi Basilio, quels sont les choix possibles pour les Congolais?
4. Lorsque le président Kala-Lubu parle pour la première fois, à quel enfantement fait-il allusion?
5. Comment auriez-vous pu deviner que le fondateur de la ville s'appelait Léopold?
6. En général, que fait un missionnaire?
7. Pourquoi Basilio parle-t-il de « concours désintéressé »?

8. Expliquez l'image de l'indépendance qu'utilise le président Kala-Lubu.

9. En quoi consistait la souffrance des Congolais avant l'indépendance?

10. Quelle différence voyez-vous entre le discours de Kala-Lubu et celui de Lumumba?

11. Pourquoi les banquiers sont-ils mécontents?

12. Que signifie l'histoire de Mokutu?

B. Sujets de discussion:

1. Pensez-vous qu'un pays puisse être totalement indépendant?

2. Si vous habitiez une colonie, que feriez-vous pour améliorer les conditions de votre vie?

3. Que pensez-vous être les devoirs du pays colonisateur?

C. Sujets de composition:

1. La lutte des coloniaux pour leur indépendance.

2. Les joies de l'indépendance.

3. Les joies de la liberté.

Vocabulaire français-anglais

ABBREVIATIONS

f feminine   *m* masculine
fam familiar   *pl* plural

A

abattre to cut down, knock down; **s'__ sur** to fall on
abhorrer to abhor, loathe
abolir to abolish
abondant abundant
abord: d'__ first, at first
abreuver to water, bathe; **s'__** to drink, to be steeped in
accomplir to complete, carry out
accord: d'__ agreed; **être d'__** to agree
accoucher to have a child
accouder: s'__ to lean
accoutumée: à l'__ as usual
accroupir: s'__ to squat; to stoop
accueil *m* welcome
acharner: s' __ à to persist in, hammer away at
acier *m* steel
acquis obtained, established
âcre bitter, pungent

actuel, -le present, current
actuellement at the present time
aérien, -ne airy
affadir to make tasteless
affaiblir to weaken
affairé busy
affaler: s'__ to fall
affiler to sharpen
affluer to flow
affolé bewildered, frantic
affût: être à l'__ de to lie in wait for
agit: il s'__ de it's a question of
agité agitated, shaken, restless
aiguisé sharp
aile *f* wing
ainsi thus, in this way
aise: mal à l'__ uncomfortable
aisé easy
ajouter to add, continue
alimenter to feed
allumer to light
alors then, at that time
alourdir: s'__ to grow heavy

alterné alternate
âme *f* soul
améliorer to better, improve
amener to bring
amitié *f* friendship
amour *m* love
amoureux, -euse loving, in love
amphibie amphibious
ancêtre *m* ancestor
ancien, -ne old, former
ancré anchored
âne *m* ass
angoisse *f* anguish
anguille *f* eel
annonceur *m* announcer
antillais West Indian
Antilles *f pl* West Indies
apaiser: s'___ to subside
apercevoir to see, notice; s'___
   to realize
appel: faire ___ à to call on
appétissant appetizing
appliquer: s'___ à to work hard
   at, to do one's utmost
apport *m* contribution
apporter to bring; exercise
apprendre to learn, teach,
   inform
apprentis *m* apprentice
arachide *f* peanut
arborer to hoist, fly
arc-en-ciel *m* rainbow
ardoise *f* slate
argile *f* clay
arme *f* weapon
arracher to rip out, tear out
arrêt *m* stop
arrosage *m* watering, irrigation
assaisonner to season
assécher to dry
assembler: s'___ to gather
assener to strike
assiette *f* plate

assoiffé thirsty
assoupir: s'___ to abate,
   subside
assourdi subdued
atelier *m* workshop
attache *f* joint
attaquer: s'___ à to attack, to get
   down to
atteindre to reach; to strike
attendrir to make tender
attribuer to award
aube *f* dawn
au-delà beyond
auge *f* feeding trough
augure: de bon ___ of good
   omen
auprès de next to, beside
aussitôt immediately; ___ que as
   soon as
autant dire not to mention
autant que as much (many) as
autrement otherwise,
   differently; ___ dit in other
   words
avaler to swallow
avancer to advance
avenir *m* future
avertir to inform, warn
aveugle blind
aviser to perceive, notice;
   s'___ de to take into one's
   head to
axer to center

B

babil *m* babble
baguette *f* rod, switch
baigner to bathe
bâiller to yawn
balance *f* scale
balancer to sway
balayer to sweep

balise *f* beacon
balle *f* ball; bullet
balsamique balmy, balsamic
balustrade *f* railing
bambin *m* infant, tot
bananier *m* banana tree
bander to cover
bandoulière: en ___ slung over
  the shoulder
banquier *m* banker
baptême *m* baptism
baragouiner to speak badly; ___
  le français to speak broken
  French
barbare barbarous
barbotage *m* bran mash
barbouiller to smear
barre *f* bar
bas, -se low; **en bas** below
bâtir to build
bâton *m* stick
battre to beat; **se** ___ to fight
bavard talkative
beau: avoir ___ **faire** to do in
  vain
beauté *f* beauty
bec *m* beak, mouth; ___ **de gaz**
  street lamp, gas light
bégayer to stammer
belge Belgian
Belgique *f* Belgium
belliqueux, -euse warlike,
  bellicose
berceau *m* cradle
bercer to rock
berger *m* shepherd
besogne *f* work
bête *f* beast
bêtise *f* foolishness
bien *m* good
bienfaisance *f* benevolence
bienfait *m* benefit, boon
bientôt soon

bienveillance *f* benevolence,
  kindness
bière *f* beer
bijoutier *m* jeweler
bille *f* log; marble
blague *f* joke, trick
blanchisseur *m* launderer
blé *m* wheat
blesser to wound, injure
blessure *f* wound, injury
bois *m* wood
boisson *f* drink
bombarde *f* bombard
bombillement *m* buzzing,
  humming
bon: à quoi ___ what's the use
bond *m* leap
bondir to leap, jump
bonté *f* goodness, kindness
bord *m* side, edge, bank
borner to limit, restrict
bosse *f* bump
botte *f* boot
bouché blocked, choked
bouffarde *f* stubby pipe
bouger to move
bouillie *f* pap, pulp
bouillir to boil
boulanger *m* baker
bourdonner to hum
bourgmestre *m* burgomaster
bourse *f* scholarship
bout *m* end, tip
bramer to bell, troat
brasser: ___ **à neuf** to stir anew
brèche: être sur la ___ to be
  hard at it
bride *f* rein
brigand *m* rogue, brigand
brin *m* blade *(of grass)*
brisant *m* breaker
brise *f* breeze
briser to break

brouillard *m* fog
brousse *f* bush
bruire to make noise, rustle, hum
brûler to burn
brume *f* mist, haze
brusquement suddenly
bruyant noisy
buisson *m* bush
but *m* aim, goal
butin *m* plunder, booty

C

cabri *m* kid
cacher to hide
cache-sexe *m* loin-cloth
cadavre *m* body, corpse
cadre *m* frame, framework
cafard *m* blues
caillot *m* clot
caïman *m* crocodile
calciné burnt
calcul *m* calculation
calebasse *f* calabash
camp: lever le __ to go away
canard *m* duck
canne *f* sugar cane
caoutchouc *m* rubber
capita *m* vassal
capitation *f* capitation (*a direct uniform tax imposed upon each person*)
carapace *f* shell
cargaison *f* cargo
carnet *m* notebook
carrière *f* career
cas *m* case; en tout __ at any rate
case *f* hut
caserne *f* barrack
casser to break
cauchemar *m* nightmare

cause: à __ de because of; et pour __ and for a good reason
causer to talk
cavalier, -ière carefree, flippant
céleste heavenly, celestial
cendre *f* ash
cependant however, yet
cerceau *m* hoop
cercle *m* administrative division
cesse *f* cease, ceasing; sans __ constantly; n'avoir de __ que not to rest, let up till
chahuter to jeer, rag
chair *f* flesh
changement *m* change
chanson *f* song
chant *m* song, singing, crowing
chantier *m* yard, field
chanvre *m* hemp
charge *f* load; responsibility
chargé de full of, heavy with
charogne *f* carrion
charrier to carry away
charte *f* charter
chasse *f* hunt, hunting; __ gardée restricted game preserve, restricted area
chasser to chase, hunt
châtiment *m* punishment
chaussure *f* shoe
chauve bald, bare
chef *m* chief, head
chemin de fer *m* railroad
cheminée *f* chimney
chevaucher to straddle, mount
chevelure *f* hair
chèvre *f* goat
chicotte *f* whip
chœur *m* chorus
choix *m* choice
chouette *f* barn-owl

chuchoter to whisper
cime *f* top, summit
clair: au ___ de la lune in the moonlight
clôturer to conclude
cocotier *m* coconut tree
code *m* Code of laws
coiffé arranged, dressed (*of hair*); wearing on one's head
col *m* collar; pass, col (*of mountain*)
colère *f* anger
collier *m* necklace
colline *f* hill
comble: le ___ est que the height of ridiculousness is that
combler to fill
commerçant *m* merchant, trader
commère *f* gossip (*of person*)
commettre to entrust, commit
commun common
compère *m* fellow, "uncle"
complainte *f* lament
complice *m* accomplice
comportement *m* behavior
composer to come to terms
compte *m* reckoning; **pour son ___** on its own; **mettre sur le ___ de** to impute, attribute to
concession *f* household area
concours *m* help, support, cooperation
conduite *f* conduct
conférencier *m* lecturer
confiance *f* confidence, trust
confier to confide, trust
confondre to confuse
congé *m* leave
congolais Congolese
conquérir to conquer, win

conquête *f* conquest
consacrer to devote, give
constater to notice, observe
construire to build
conte *m* tale
contemporain contemporary
contenir to restrain, contain
contenter to satisfy
conteur *m* story-teller
contraindre to restrict, force
contrarier to hinder, impede
controverse *f* controversy
convaincu convinced, earnest
convenir à to suit, fit
coquet, -te coquettish
coquille *f* shell
corail *m* coral
corbeau *m* raven
cordonnier *m* cobbler
corner to shout; blow a horn
corser: se ___ to get serious, complicated
côte *f* coast
couchant *m* sunset, West
couche *f* couch, bed
coucher to lie, set
coulant fluent, smooth
couler to run, flow
coup *m* blow
courant *m* current
courbe *f* curve, bend
courber to bend
courbette *f* bow
cours *m* class, course
couteau *m* knife
coutume *f* custom
couver: faire ___ to set, hatch
cracher to spit
crachoter to spit, sputter
craindre to fear
crâner to swagger
crépu kinky, wooly
creux *m* pit

crever to burst; *fam* to die
crisser to crunch
cristal *m* crystal
croître to increase, grow
crouler to collapse, fall
croupe *f* rump
cru glaring, crude
cruauté *f* cruelty
crue *f* swelling; **en __** in spate
cuisinier *m* cook
cuivre *m* copper, brass
cure-dents *m* toothpick

D

daigner to deign, condescend
davantage more
débarrasser: se __ de to get rid of
débattre to discuss, debate
débrousser to clean, remove bush from
déchaîner to unleash
déchirer to tear apart
décliner to wane, sink
découragé discouraged
découvrir to discover, uncover
dedans inside, within
défaillance *f* failure, breakdown
défaillir to fail, become weak
défendre to forbid, prevent
déficience *f* deficiency
défier to defy
défricher to clear
défroque *f* cast-off clothing
dégoût *m* disgust
déhancher: se __ to sway from side to side
delà: par __ beyond
délice *m* delight
déloger to remove, drive out
démangeaison *f* itching

démâter to unmast
démener: se __ to move about
demeurant: au __ all told, after all
demeure *f* dwelling
demeurer to live; to remain
démocratie *f* democracy
dépaysé not at home, stranger
déposséder to strip
déranger to disturb
dérespecter to disrespect
dériver to drift
dérouiller to rub rust off
dérouler to unroll
derrière *m* behind
désaccordé at loggerheads
désarroi *m* disarray
désastre *m* disaster
désastreux, -euse disastrous
désespéré in despair, heartbroken
déshabiller to undress
désigner to point out
désœuvré unoccupied
désormais now, henceforth
dessécher to drain, dry; **se __** to become dry
destin *m* destiny
détente *f* relaxing, easing
déterrer to unearth
détourner: se __ to turn away
détruire to destroy
devant in the face of
devenir to become
deviner to guess
devinette *f* riddle
devoir: se __ de to make it one's duty to
dévouement *m* self-sacrifice, devotion
diamant *m* diamond
différend *m* difference, contention

dîme *f* tithe, tax
diriger to direct, be in charge
   of; se ___ to go, head
discours *m* speech
disparaître to disappear
dispensé meted out
disposer de to get rid of
distinguer to distinguish
dit called
dodeliner: ___ de la tête to nod
doigt *m* finger
dommage *m* pity
dompter to subdue
don *m* gift
douceur *f* gentleness, softness,
   sweetness
douleur *f* pain, grief
douloureux, -euse painful
douter to doubt; à n'en pas ___
   without doubt, certainly
drapeau *m* flag
draper to drape
dresser to raise, lift; se ___ to
   stand up, straighten out
droit *m* right
drôle funny
drôlesse *f* hussy
duvet *m* down

E

ébahissement *m* amazement
ébats *m pl* romp, frolic
ébattre: s'___ to romp, frolic
ébène *f* ebony
ébloui dazzled, bewildered
ébrancher to remove branches
   from
ébranler to shake
échange *m* exchange
échanger to exchange
échelonner: s'___ to be spread
   out

éclair *m* flash of lightning
éclairer: s'___ to grow light;
   provide light for oneself
éclat *m* burst, peal
éclatant shimmering, shining
écrit: par ___ in writing
écume *f* foam, froth
édifice *m* building
éduquer to bring up, educate
effectuer: s'___ to be done *(of*
   trip)
effet *m* effect, result
effets *m pl* things, clothes
effleurer to graze, touch
   lightly on
effondrer: s'___ to crumble
efforcer: s' ___ to endeavor,
   strive
effréné wild
effroyable dreadful, frightful
égal equal; à l'___ de just as
   much as
également equally, also
égard: à l'___ de with regard to
égayer to amuse, entertain
égorgeur *m* cut-throat
élan *m* leap, burst, spring
élever to raise
éloigner to move away from
embellir to embellish, beautify
emblée: d'___ right away
embrun *m* spray
émerveiller: s'___ to be
   surprised
emmaillotage *m* wrapping,
   bandage
emparer: s'___ de to take
   hold of
empêcher to prevent, hinder
emperlé pearled, beaded
emplacement *m* site, place
empoisonner to poison
emporter to carry away

emprise _f_ hold
enceinte _f_ enclosure
encens _m_ incense
enclume _f_ anvil
encore que although
endémie _f_ endemic disease
endormir: s'__ to fall asleep
endroit _m_ place, spot
énerver to upset, irritate
enfance _f_ childhood
enfantement _m_ childbirth
enfer _m_ hell
enfermer to enclose
enfiévrer: s'__ to become
    excited
enfoncer to push in, set
enfumé smoky
engager: s'__ to engage, enter
engouffrer: s'__ to be engulfed
engourdi stiff, numb
engueuler _fam_ to tell off, bawl
    out
enivrer to drunken; **s'—** to
    become drunk
enjambée _f_ stride
enlever to carry away
ennuyer: s'__ to be bored
enquérir: s'— to inquire
enrhumé: être __ to have a
    cold
enrichir to enhance, enrich
enrouler to roll in, wrap
enseignement _m_ teaching
ensemble: vue d'__ _f_ overall
    picture
ensemencer to sow
entendre to hear, understand;
    s'__ avec to get along with
entendu: bien __ naturally
entêter: s'__ à to persist in
entourer to surround
entrain _m_ cheerfulness, dash
entrave _f_ shackle

entrouvert half-open
envie _f_ envy; **avoir __ de** to
    feel like
environ about
environs _m pl_ surroundings;
    aux __ in the vicinity
épaissir: s'__ to grow thick
éparpiller to scatter
épée _f_ sword
éperonner to spur
épervier _m_ hawk
épi _m_ ear _(of wheat)_
épice _f_ spice
époque _f_ time, period
épouser to espouse
éprouver to put to the test; feel
équipage _m_ crew
escale _f_ port of call
esclaffer: s'__ to laugh out
    loudly
esclavage _m_ slavery
esclave _m, f_ slave
escompter to bank on, reckon
    upon
espagnol Spanish
espérer to hope
espoir _m_ hope
esprit _m_ mind, spirit
essai _m_ try
essaimer to spread
essayer to try
essuyer to dust, wipe
estomac _m_ stomach
établir to establish, set up
établissement _m_ settlement,
    setting up
étale slack _(of sea)_
étang _m_ pool, pond
éteindre to put out
étendre to extend
ethnie _f_ race
étincelant sparkling
étique skinny

étoile *f* star
étonnement *m* astonishment
étonner: s'___ to be surprised
étouffer to choke, stifle
étrangler to choke
étreinte *f* embrace
étude *f* study
étuve *f* oven; *fam* heat
événement *m* event
éventer to fan
éventrer to disembowel
évoquer to call to mind, evoke
exécrer to execrate
exécuter: s'___ to act, comply
exhalaison *f* exhalation,
    fragrance
exiger to insist, demand
explication *f* explanation
expliquer to explain, clarify
exprimer to express
extase *f* ecstacy
extrait *m* extract, selection

F

fabrique *f* factory
fabriquer to make
face: en ___ de in the presence
    of, confronted with; **___ à** in
    front of
fâché angry, sorry
fâcheux, -euse sad, unfortunate
façon *f* way, manner
façonner to fashion, form
falaise *f* cliff
fardeau *m* load, burden
farine *f* flour
faute *f* fault, misdeed
faux, -ausse false;— **-col** *m*
    detachable shirt collar
fécond fertile
feindre to pretend
féliciter to congratulate

fer *m* iron, blade
fesse *f* buttock
fêter to celebrate, fête
fétiche *m* fetish
feu follet *m* will-o'-the-wisp
ficeler to tie *(with string, etc.)*
fierté *f* pride
fièvre *f* fever
figé stiff, fixed
figure *f* face; **faire bonne ___ à**
    to receive with dignity
flageller to whip
flairer to scent, sense
flambant flaming
flanc *m* side
flâner to idle, lounge about
flasque soft, flabby
fleur: à ___ de near to, level
    with
fleurir to flourish, blossom
fleuve *m* river
flic *m* cop, flatfoot
flotter to float, hover
foie *m* liver
foin de pooh on, bah on!
foire *f* fair
fois: à la ___ both, at the same
    time
fond *m* bottom, back, far end;
    au ___ on the whole, after all
fondateur *m* founder
fonder to found
fondre to melt; **___ sur** to
    swoop, pounce on
fontaine *f* fountain
forfanterie *f* bragging, boasting
forgeron *m* blacksmith
fosse *f* hole, grave
fou, folle mad
foudre *f* lightning
foudroyer to blast, strike
fouet *m* whip
fougue *f* ardor, dash

fougueux, -euse full of vigor
foule *f* crowd
four *m* oven
fourchette *f* fork
fourmi *f* ant
fournir to furnish
fourrure *f* fur
foyer *m* hearth
frais *m pl* expenses, cost
francophone French-speaking
frémir to shudder
frémissement *m* shudder
frigorifié frozen stiff
frisson *m* shudder, shiver
front *m* forehead, brow
frotter to rub
fuir to flee, evade
fuite *f* flight, end
fumée *f* smoke
fusil *m* rifle
fût *m* trunk, shaft

G

gagner to win, earn
gaillard strong
gaine *f* sheath
garde: prendre ___ de to take care not to
gaspillage *m* waste
gaspiller to waste
gâté spoiled
geindre to whine
geler to freeze
gémir to groan
genèse *f* genesis
génie *m* genie
genou *m* knee
germer to sprout, spring up
gifler to slap
girofle: clou de ___ *m* clove
girouette *f* weathercock
givre *m* frost

gisement *m* deposit
glisser to slip, slide
gonfler to inflate, fill, swell
gorge *f* throat
gorgée *f* mouthful
gosse *m* kid, brat
goût *m* taste
goutte *f* drop
grandir to grow big
grappe *f* bunch
gratte-ciel *m* skyscraper
gré *m* will
grelot *m* small bell
grève *f* strike
grief *m* grievance, complaint
grimper to climb
gringalet *m* tiny fellow
gronder to rumble
grotte *f* cave
guerre *f* war
guetter to watch for
gueule *f* mouth, jaw *(of animal)*
guyanais Guyanese
Guyane *f* French Guiana

H

haine *f* hatred
haïr to hate
haleine *f* breath
haricot *m* bean
harmoniser to blend, harmonize
hasard: par ___ by chance
hasardeux, -euse hazardous
hâte *f* haste
hâter: se ___ to hurry
haut: en ___ above
hautbois *m* oboe
héberger to put up, receive
hébétude *f* dazed condition, stupor
hélas alas

héler to call
hennissement *m* whinny, neigh
herbe *f* grass
hériter to inherit
hibou *m* owl
histoire *f* history, story
honte *f* shame
hoquet *m* hiccups
hors de outside, out of
huile *f* oil
humer to inhale
hurler to shout, scream
hysope *f* hyssop *(plant mentioned in the Bible)*

I

ignorer to be ignorant of
île *f* island
impôt *m* tax
inachevé unfinished
incorporer to blend, incorporate
indécis undecided, undefined
indigène *m, f* native
individu *m* individual
induit led
inédit unpublished
inexprimable inexpressible
infime very small, minute
infructueux, -euse fruitless
ingénieur *m* engineer
injure *f* insult
inlassablement tirelessly
innombrable numerous, countless
inondé flooded, bathed
insomnie *f* insomnia
insouciance *f* lack of (freedom from) care
interdit *m* interdict, restriction
interpeler to call
interprète *m* interpreter

introuvable that cannot be found
inutile useless
invectiver: ___ **contre** to inveigh against
ivoire *m* ivory
ivre drunk
ivresse *f* drunkenness, intoxication

J

jacasser to chatter, jabber
jadis long ago
jais *m* jet
jalons *m* *pl* **: poser des** ___ to mark the way
jaloux, -ouse jealous
jambe *f* leg
jeu *m* game, play
joie *f* joy
joue *f* cheek
jouer to play
jouet *m* toy
joug *m* yoke
jouir (de) to enjoy
juif, juive Jewish
jus *m* juice
jusque down to, till, as far as
juste: au ___ exactly, precisely

K

kilo *m* kilogram *(2.2 lb.)*
klaxon *m* horn

L

labourer to plough
lac *m* lake
lâcher to let go, release
lacune *f* gap, void
là-dessus thereupon
laine *f* wool

laisser to leave
lamantin *m* sea-cow
lame *f* blade
lamentable sad, deplorable
lancer to throw, launch
largement amply, fully
larme *f* tear
las, -se tired, weary
lasser to tire
laurier *m* laurel
lendemain: du jour au __
    overnight; **au __ de** soon
    after
lenteur *f* slowness
levant *m* sunrise, East
lèvre *f* lip
liane *f* creeper
lier to bind, join
liesse: en __ in gay mood
lieu: au __ de instead of
lièvre *m* hare
limon *m* silt
lisière *f* edge, rim
lisser to smooth, sleek
littéraire literary
livreur *m* deliveryman
loi *f* law
loin: de __ en __ at great
    intervals
lointain distant
long: le __ de alongside,
    beside; **avoir __ à dire** to
    have much to say
longer to skirt, run alongside
longue: à la __ in the long run
lors de at the time of
lorsque when
louer to rent, hire; praise
loupe *f* lens, magnifying glass
lourd heavy
lover: se __ to coil up
luire to shine
lutte *f* struggle

lutter to struggle

M

macaquerie *f* foolishness
maçon *m* mason, bricklayer
madone *f* Madonna
maigre thin
maint many
maïs *m* corn
mal *m* evil; **__ de tête**
    headache
malfaisant harmful
malgré in spite of
malheur *m* bad luck,
    misfortune
malheureux, -euse unhappy,
    unfortunate
malicieux, -euse malicious,
    mischievous
malsain unhealthy
malsonnant shocking,
    unpleasant
mamelle *f* breast, udder
mangue *f* mango
manguier *m* mango tree
manière *f* manner, way
manioc *m* cassava
manne *f* manna
manquer to lack, miss
marche *f* step
marcher to walk; to work
mare *f* pool, pond
mari *m* husband
marigot *m* branch channel *(of
    river)*
marmite *f* pot
marmiton *m* kitchen helper
Maroc *m* Morocco
mater to tame, subdue
matière *f* matter
masse *f* heap, bulk
masser to massage

maudit accursed, damned
maure Moorish
méchanceté *f* wickedness
mécontent unhappy
mêler to mix; **s'en** __ to join in
membre *m* member; limb
même even; **tout de** __ all the same
menace *f* threat
ménager to arrange, plan
mener to carry, lead
mensonge *m* lie
menteur *m* liar
mentir to lie
mériter to deserve; to win, earn
merle *m* blackbird
mésentente *f* misunderstanding
mesquin mean
messe *f* mass
mesure *f* measure, moderation
métropole *f* mother country
mets *m* dish
miel *m* honey
mil *m* millet
milicien *m* militia man
millier *m* thousand
mine *f* look, show
miser (sur) to bank, count (on)
misère *f* wretchedness, woe, misery
mitrailler to pepper, pierce repeatedly
moment: par __ at times
mondial world
monnaie *f* money, change
monocorde monotonous
mont *m* mount, mountain
monture *f* mount *(of animal)*
moquer: se __ **de** to make fun of, not to care about
mordicus tenaciously, doggedly
morne *m* hill
morne dismal, gloomy

mort *f* death
morue *f* cod
mouche *f* fly
moucher: se __ to blow one's nose
moulin *m* mill
mouvementé lively, eventful
moyen *m* means
muet, -te dumb
mugir to low, bellow; to roar
mulâtre mulatto
munificence *f* generosity, bounty
mûr ripe
museau *m* nose, snout
musqué musky, scented
mutiler to mutilate
mystère *m* mystery

N

naguère recently, a short time ago
naissance *f* birth
natal native
natte *f* mat
néanmoins nevertheless
nègre negro, black
nénuphar *m* water-lily
nerf *m* nerve
nettement clearly, distinctly
nettoyer to clean
neuf, neuve new; **à neuf** anew
nocturne nocturnal
nombreux, -euse numerous
noueux, -euse knotty
nourrice *f* nurse
nourrir to feed
nourriture *f* food
nouvelle *f* bit of news
noyer: se __ to drown
nuage *m* cloud
nuisible damaging, harmful

O

obéir to obey
obtenir to obtain
œuvre *f* work
ombrage *m* shade
ombre *f* shade, shadow; hint
onde *f* wave
or *m* gold
orage *m* storm
orgueilleux, -euse proud
oripeaux *m pl* rags
orné decorated
orteil *m* toe
os *m* bone
oser to dare
outre-mer overseas
ouvrage *m* work
ouvrier *m* worker

P

pagne *m* loin-cloth, pagne
paillasson *m* mat
paille *f* straw
paix *f* peace
palabre *f, m* palaver, talk
palefrenier *m* groom
pâmer: se ___ to swoon, be
   convulsed with laughter
panache *m* plume, panache
panne *f* breakdown
papillon *m* butterfly
paraître to appear, arrive
pareil, -le similar
paresseux, -euse lazy
parfois sometimes
parfum *m* perfume, fragrance
paroi *f* wall, partition
parti *m* party; **prendre ___** to
   take sides, take a stand
particulier, -ière peculiar,
   special

partie *f* part, game
partout everywhere
parvenir to arrive, reach
pas *m* pace, step
passage: être de ___ to be
   passing through; **au ___** in
   passing
passer to pass, spend; to take
   (of exam); **se ___ de** to do
   without
pâte *f* dough
patiné weathered
patron *m* boss
pâturage *m* pasture
paupière *f* eyelid
pauvreté *f* poverty
paye *f* pay, wages
pays *m* country
paysan *m* peasant
pavé *m* pavement, street
peau *f* skin
peine *f* pain, trouble; **à ___**
   scarcely
peintre *m* painter
peinturer to give a new coat of
   paint
pêle-mêle pell-mell, in disorder
pèlerinage *m* pilgrimage
penché leaning
pencher: se ___ sur to lean,
   bend over; to study
pénétrer to penetrate
pénible painful, distressing
pensée *f* thought
pente *f* slope
percé pierced
perdre to lose
périr to perish
perpétrer to perpetrate
perron *m* flight of stairs
personnage *m* character
pesant *m* weight
pétard *m* fire-cracker

pétrir to knead
peu: __ à __ gradually
peuple *m* people
pierre *f* stone
pillard pilfering
piment *m* pepper
pionnier *m* pioneer
pitance *f* food
plage *f* beach
plaie *f* wound, sore
plaindre: se __ to complain
plainte *f* complaint
plaire to please
plaisant pleasant, agreeable
plaisir *m* pleasure
plastron *m* shirt front
plénitude *f* fullness
plisser to crease, wrinkle
plongeur *m* diver
ployer to bend
plupart: la __ **de** most of
plusieurs several
plutôt rather
poche *f* pocket
poésie *f* poetry
poids *m* weight
poigne *f* grip
poignée *f* handful
poing *m* fist
point: à __ **nommé** at the
    appropriate time
poisson *m* fish
poissonneux, -euse full of fish
poitrine *f* chest
politesse *f* politeness
pont *m* bridge
portage *m* portage, carrying,
    transporting
portant: bien __ in good health
portée: à __ within reach
portugais Portuguese
poudrer to powder
poudreux, -euse powdery

pouls *m* pulse; **tâter le** __ to
    sound out, take the pulse of
pourpre purple
pourri rotten
poursuivre to pursue
pousser to grow; to utter
pourtant yet, however,
    nevertheless
pouvoir *m* power
pratique practical
précieux, -euse precious
prédire to forecast, predict
préjugé *m* prejudice
prendre: __ **pied** to gain a
    foothold
présider (à) to preside (at,
    over)
pressé urgent, busy
presser: se __ to crowd; to
    hurry
preuve *f* proof
prévenir to warn
prévoir to foresee
prière *f* prayer
prise *f* taking
privé deprived
prix *m* price, prize
proche near
produire to produce; **se** __ to
    happen
produit *m* product
proférer to utter
profondeur *f* depth
proie *f* prey
prolonger: se __ to be
    prolonged, keep on
promesse *f* promise
promettre to promise
propice propitious
propos *m* purpose; matter; *pl*
    talk, conversation; **à** __ **de**
    about; **à ce** __ in this
    respect

proscrire to forbid
protéger to protect
prunelle *f* pupil
puiser to draw *(of water)*
puisque since
puissant powerful
puits *m* well
punition *f* punishment
pupille *f* ward

Q

quant à as for
quartier: prendre __ to take up
  residence
quérir to seek
querelleur, -euse quarrelsome
queue *f* tail
quotidien, -ne daily

R

rabattre: en __ to climb down,
  go back on former decision
racine *f* root
raclée *f* licking, thrashing
racler to scrape
raconter to relate, tell
raison: à __ de at the rate of
ramassé big, stocky
ramasser to gather, collect
rameau *m* bough
rancœur *f* rancor
rancune *f* rancor
rang *m* row, line
ranger to set in order, fix
rappeler to recall
rapprochement *m* bringing
  nearer (together)
rapprocher: se __ to approach,
  get nearer
ras: au __ de level, flush with

rassembler: se __ to get
  together
rattraper to catch up with
rayon *m* ray
rayonner to shine
rebondi plump
recevoir to welcome, receive
réchauffer to warm
recherche *f* research
récolte *f* harvest
reconnaissance *f* gratitude
recours *m* recourse
recueil *m* collection
recueillir to collect
reculer to move back
récupérer to recover
rédiger to compose, write
redresser to straighten out
réduire to reduce
refiler *fam* to palm off, pass
réfléchir to reflect, think
reflet *m* reflection
réfugier: se __ to take shelter
regard *m* look
régime *m* bunch *(of bananas)*
règle *f* rule
régner to reign
rehausser to raise, enhance
reins *m pl* back, loins
rejeter to reject
réjouir: se __ to rejoice, be
  happy
relâche: sans __ constantly
reluire to shine
remarquer to notice
remède *m* remedy
remédier to cure, remedy
remercier to thank
remettre to hand over
remords *m* remorse
remous *m* stir, unrest
remplir to fill
remuer to move, stir

rencontre *f* meeting; **aller à la ___ de quelqu'un** to go to meet someone
rendre to make; to give back; **se ___** to go
renommée *f* renown, fame
repas *m* meal
repérer to spot, single out
replier: se ___ sur to fall back on, withdraw to
reportage *m* report
repos *m* rest
repousser to reject, spurn
reprocher to reproach
repu full, satiated
résigner: se ___ to reconcile oneself
résolu resolved
respirer to breathe
résultat *m* result
retenir to retain
retour *m* return
réussir to succeed
rêve *m* dream
réveil *m* awakening
révéler to reveal
revenant *m* ghost
revenir: ___ à to fall to, be due to; **il m'est revenu** I recall
révérence *f* bow
rhum *m* rum
ricaner to snigger
richesse *f* wealth, richness
rider to crease
ridicule ridiculous
rieur, -euse laughing
rires *m pl* laughing
ris *m* laughing
risquer to risk
rive *f* bank
rizière *f* rice-field
roche *f* rock
roman *m* novel

romane Romance *(of languages)*
rompre to break
ronde *f* round, circle
rongé eaten
rônier *m* palm-tree
rosée *f* dew
rosser to thrash, beat
rossignol *m* nightingale
rot *m* belch
rouer: ___ de coups to thrash, rain blows on
rouille *f* rust
rouler to roll
route *f* road, way
royaume *m* kingdom
rugir to roar
ruisseau *m* stream
rusé clever, cunning
rythmé rhythmical

S

sable *m* sand
sagesse *f* wisdom
salaire *m* salary, reward
sale dirty
salé salty, salted
salon *m* drawing (living) room
saluer to greet
salut hello, hi
sang *m* blood
sanglant bloody
sanglot *m* sob
sangloter to sob
santé *f* health
saoul drunk
sautiller to jump, hop
sauveteur *m* rescuer
savane *f* savannah
saveur *f* taste
schlague *f* flogging
scintiller to twinkle, sparkle
scolaire school, scholastic

sculpter to carve, sculpture
sec: à ___ dried up
sécheresse *f* drought
secouer to shake
séjour *m* stay
Seigneur *m* Lord
sein *m* breast
sel *m* salt
selon according to
semblable similar
sembler to seem
semence *f* seed
semer to sow
sénégalais Senegalese
sens: en ___ inverse in the
 opposite direction
senteur *f* odor, scent
sentier *m* path
sépulture *f* burial place,
 sepulture
serein serene
serrer to clench
servir: se ___ de to use
seuil *m* threshold
signaler to point out, mention
signifier to mean
singe *m* monkey
singerie *f* grimace, antic
smoking *m* dinner jacket
soc *m* ploughshare
socle *m* pedestal
soie *f* silk
soit so be it, very well; — ... —
 either... or
sol *m* ground
solde *m* sale
solennel, -le solemn
sollicitude *f* anxiety, concern
sommeil *m* sleep
sommet *m* top, summit
son *m* bran
songer to dream, think
sonnaille *f* ringing

sorcier *m* sorcerer
sort *m* fate, lot
sorte: de telle ___ que so that,
 in such a way that
sortie *f* coming, going out; exit
sou *m* sou, penny
souche *f* stock
souci *m* trouble, worry
 preoccupation
soucieux, -euse anxious
soudain sudden
souder: se ___ to knit together,
 join forces
souffle *m* breath
souffler to whisper, breathe,
 blow
souffrance *f* suffering
souffrir to suffer, permit, allow
soulever to raise
soulier *m* shoe
souligner to stress
soumettre to submit
soupçonneux, -euse suspicious
soupirer to sigh
souple supple
souplesse *f* suppleness
source *f* spring
sourd deaf
sourdre to spring up
sous-titre *m* sub-title
souteneur *m* pimp
soutenir to maintain, support,
 defend
souvenir: se ___ de to
 remember
stage *m* stay
subir to suffer, put up with,
 undergo
subit sudden
sucrerie *f* sugar factory
suer to sweat
suffire to suffice
suie *f* soot

suinter to ooze
Suisse *f* Switzerland
suivre to follow
sulfureux, -euse sulphurous
supplanter to replace
supplice *m* punishment
supprimer to suppress
surnommer to nickname
surprendre to surprise
sursauter to jump, start
survenir to arrive, happen

T

tabou *m* taboo
tache *f* spot
taille *f* waist
taire: se __ to keep quiet
talon *m* heel
tambour *m* drum
tam-tam *m* tom-tom
tant so much, many; **en** __ **que**
  as; __ **que** as long as;
  __ **mieux** so much the
  better; __ **pis** too bad;
  __ ... **que** as much for... as
taper to type
taureau *m* bull
tel: avec un __ with So and So
témoignage *m* evidence,
  witness
tempête *f* storm
tempêter to storm, fume, rant
tendu tense; stretched
ténèbres *f pl* darkness
tenez say, look here
tentative *f* attempt
tenter to try
terminer to end
terrain *m* ground, piece of land
terrassé crushed
terre *f* land, territory
têtu stubborn, obstinate

thèse *f* thesis
tiède warm, lukewarm
Tiers: le __ **Monde** the Third
  World
tinter to ring, chink
tique *f* tick
tirailleur *m* rifleman
tirer to draw
tison *m* ember
toison *f* fleece, hair
tolérer to tolerate
tonitruant noisy, thunderous
tort: à __ **et à travers** at
  random
tortionnaire *m* torturer
tôt soon
toupet *m* cheek; witticism
toupie *f* top, spinning-top
tour: à son __ in his turn
tourbe *f* mob
tracas *m* bother, worry
traînée *f* trail
traîner to drag
trait *m* feature
traiter to treat
trancher to cut
transpirer to perspire
traquer to hunt, seek out
travailleur *m* worker
travers: à __ through, across
traverse *f* sleeper *(of railway)*
trentaine *f* about thirty
tribu *f* tribe
tribunal *m* court
trimer to toil
trinquer to touch glasses with
  someone, drink
triquer *fam* to beat
tristesse *f* sadness
tromper to deceive; **se** __ to be
  wrong
tronquer to mutilate, cut down
trop: par __ far too much

troquer to barter
trottoir *m* sidewalk
trou *m* hole

U

ululer to hoot
universel, -le universal
universitaire university
urgence: d'___ urgently
usine *f* factory

V

vagir to wail, cry
vague *f* wave
vainqueur *m* conqueror
valoir to be worth
vautrer: se ___ to wallow,
   sprawl
veillée *f* evening gathering
vénérer to respect
ventre *m* belly
venue *f* coming, arrival
verdure *f* greenery, green
   vegetation
véridique truthful
véritable true
vérité *f* truth
vermine *f* vermin

vesou *m* cane juice
vessie *f* bladder
vêtement *m* clothing
vêtir to clothe
vibrer to vibrate
vide empty
vieillard *m* old man
vieillir to grow old
vigueur: en ___ in force
violon *m* violin
virer to change, turn
viscère *m* internal organ
vivre to live
vivres *m pl* food, provisions
vociférer to shout, yell
vogue: en ___ in fashion,
   popular
voie *f* way, course
voire even
voisin *m* neighbor
voisinage *m* neighborhood
vol *m* flight; theft
volée: à toute ___ vigorously
voler to steal; to fly
volière *f* bird-cage
volonté *f* will
vomir to vomit
vouloir *m* will
voyou *m* scamp, ruffian
vrai true
vue *f* view